西北民族大学世界史教学团队（重点扶持教学团队）项目研究成果

历史教学与研究文集

Lishi Jiaoxue Yu Yanjiu Wenji

杨永锋　王桂莲　编

中央民族大学出版社
China Minzu University Press

图书在版编目（CIP）数据

历史教学与研究文集 / 杨永锋，王桂莲编 . —北京：中央民族大学出版社，2020.9

ISBN 978-7-5660-1798-7

Ⅰ . ①历… Ⅱ . ①杨… ②王… Ⅲ . ①历史教学—教学研究—文集 Ⅳ . ① K-4

中国版本图书馆 CIP 数据核字（2020）第 111661 号

历史教学与研究文集

编　　者　杨永锋　王桂莲
责任编辑　门泽琪
责任校对　肖俊俊
封面设计　舒刚卫
出 版 者　中央民族大学出版社
　　　　　北京市海淀区中关村南大街 27 号　　邮编：100081
　　　　　电话：（010）68472815（发行部）　传真：（010）68933757（发行部）
　　　　　　　　（010）68932218（总编室）　　　　（010）68932447（办公室）
发 行 者　全国各地新华书店
印 刷 厂　北京鑫宇图源印刷科技有限公司
开　　本　787 × 1092　1/16　印张：13.5
字　　数　165 千字
版　　次　2020 年 9 月第 1 版　2020 年 9 月第 1 次印刷
书　　号　ISBN 978-7-5660-1798-7
定　　价　68.00 元

目　录

研究篇

教学篇

研究篇 >>>>

西方古典史学时期史家之精神

杨永锋

（西北民族大学历史文化学院，甘肃兰州）

摘　要：西方史学历经了漫长的历史发展时期，源远流长。而作为西方史学发展的第一个重要阶段——古典史学时期，主要包括古希腊史学和古罗马史学，前后延续一千多年，在这一漫长时期，出现了很多光耀史册的历史学家，他们的史著及所包含的治史精神——求真与探索、重视对“当代史”的撰写以及重视史学的垂训功能、注重史家自身的修养等精神，时至今日，依然对历史研究者有着重要的启示和借鉴意义。

关键词：古希腊；古罗马；历史学家；治史精神

在西方史学漫长的发展演变过程中，先后经历了古典、中世纪、近代和现代史学时期。西方古典史学主要包括古希腊和古罗马史学，从时间跨度来看，可以从古希腊神话与史诗的前希罗多德时代算起，一直到公元前5世纪左右，即西罗马帝国的灭亡，“古典世界”的终结为止，前后长达一千多年。在这漫长的千余年中，古希腊、古罗马史家辈出，流传于后世诸多史著，他们的治史精神对西方后世史学产生了深远的影响。

一、史家的求真与探索精神

西方史学起源于古希腊史学，古希腊史学的产生与世界上其他国家和民族史学的产生路径基本相同，即起源于神话与史诗。古希腊留给后世的神话遗产相当丰富，在以奥林匹亚山为中心的古希腊神话中已可窥见上古时代希腊人所具有的朦胧的历史意识，而著名的《荷马史诗》不仅保留了古希腊早期的大量史迹，而且从中已能明显看出古希腊人所具有的最初的人本观念和历史观念。

继神话和史诗之后，在公元前7—公元前6世纪，希腊人在小亚细亚西部建立的“殖民”据点——爱奥尼亚，不仅诞生了古希腊最早的科学和哲学，也孕育了更加成熟的古希腊史学的胚胎——纪事作品。从公元前6世纪初开始，在爱奥尼亚地区，“纪事”和“纪事家”已成为专门术语和专用名词。纪事家所写的题材范围很广，他们把一些传说故事和古人的事迹记载下来、用来进行道德教育，或把自己在异邦绝域的亲身见闻写成游记，或者根据一些口碑资料和文献编写系统的故事。他们的原则是有闻必录，并力求使自己的记载符合事实原型，尽管他们还没有严格的史学方法，但这种追求真实的精神后来得到进一步发扬，成了古希腊史学中的宝贵传统。爱奥尼亚纪事家的出现是古希腊史学前进的重要一步，标志着古希腊史学的正式萌芽。

西方史学真正奠基和创立则是古希腊历史学家希罗多德（公元前484年—公元前425年）所著《历史》一书的问世。该书是古希腊人撰写的第一部全面而系统的史学著作，故成为西方史学的开山之作，希罗多德也因此而获得了西方“史学之父”的称号。在撰写《历史》的过程中，希罗多德在史料搜集和考证方面体现出了严谨求真的态度和精神。

纵览《历史》一书，希罗多德常用三种方式来考证史料：一看是否有确凿的证据，即公众普遍承认或认可的事情，并用批判的眼光看待所闻所见之事，正如英国学者柯林武德所言：希罗多德并不是“毫无批判地相信目击者所告诉他的任何事情。相反地，他实际上对他们的叙述是严加批判的”。[①] 二看所闻之事是否合乎逻辑。三是进行实地考察，以辨真伪，如他对古埃及历史所记载内容的考查，就是希罗多德通过亲自调查研究，独立思考后得出的结论。用我们今天研究历史的眼光和标准来看，希罗多德在处理史料方面稍显简单，但他为后人研究历史提供了有效收集与处理史料的最初范例。

在撰写《历史》的过程中，希罗多德已体现出一位良史所具有的素养：求真的精神，但史学的真正使命在于探索社会变迁的内在逻辑与规律，为文明进步和社会发展提供借鉴。因此，“以史为鉴，鉴往知来”就成为史学的核心价值和基本功能，希罗多德在《历史》中也对此进行了深入思考和探索：

“以下所展示的，乃是哈利卡纳苏斯人希罗多德的调查研究。其所以要发表这些研究成果，是为了保存人类过去的所作所为，使之不至于随时光流逝而被人淡忘，为了使希腊人和异族人的那些值得赞叹的丰功伟绩不致失去其应有的光荣，特别是为了把他们相互斗争的原因记载下来。”[②]

由此可见，希罗多德撰写《历史》，不仅是“为了保存人类所取得的伟大成就”以及记述希波战争的过程，更是为了探寻战争爆发的原因，而探寻战争爆发的原因，又是为了对后人进行教育，以垂训后世。希罗多德

---

① R.G.柯林武德：《历史的观念》，何兆武、张文杰译，北京：商务印书馆，1997年，第57页。

② 希罗多德著：《历史》（上册），徐松岩译注，上海：上海人民出版社，2017年，第51页。

认为：希波战争实际上是雅典民主政治与波斯独裁政治之间的战争，雅典之所以能够击败波斯帝国，主要是因为雅典的公民享有民主和自由，而波斯则是一个专制国家。在此，我们姑且不论希罗多德的观点正确与否，但能明确看出他对这场战争爆发的原因进行了深入思考。

此外，希罗多德在《历史》中注重探索各民族的历史、文化和战争的起因。如他在研究每个国家或地区的历史时，在一定程度上注意了当地的生产、经济状况以及经济因素在历史发展中的作用；注意地理环境对人类社会的重要影响；强调人在历史发展进程中的决定性作用等。①

继希罗多德之后，古希腊另一位著名历史学家修昔底德在其著述的《伯罗奔尼撒战争史》中亦体现出更加严谨的求真和探索精神。作为这场战争的亲身参与者和见证者，在战争爆发初始，他就计划将这场伟大的、影响深远的、具有重大记载价值的战争记录下来。② 因此，战争爆发后，修昔底德就以非常严谨的态度开始收集资料、制订撰写计划，对此，他言道：

“我相信，我根据上面的证据而得到的结论是不会有很大错误的。这比诗人的证据更好些，因为诗人常常夸大他们主题的重要性；也比散文编年史家的证据更好些，因为他们所关心的不在于说出事情的真相而在于引起听众的兴趣，他们的可靠性是经不起检查的；他们的题材，由于时间的遥远，迷失于不可信的神话境界中。” ③

由此可见，修昔底德在史料收集方面，已经具有严谨的批判精神，对此，他进一步解释道：“在研究过去的历史而得到我的结论时，我认为我们

① 希罗多德著：《历史》（上册），徐松岩译注，上海：上海人民出版社，2017年，新版译序第19页。

② 修昔底德：《伯罗奔尼撒战争史》，谢德风译，北京：商务印书馆，1997年，第17页。

③ 修昔底德：《伯罗奔尼撒战争史》，谢德风译，北京：商务印书馆，1997年，第17页。

不能相信传说中的每个细节，普通人常常容易不用批判的方式去接受所有古代的事情。关于战争事件的叙述，我确定了一个原则：不要偶然听到一个故事就写下来，甚至也不单凭我自己的一般印象作为根据；我所描述的事件，不是我亲自看见的，就是我从那些亲自看见这些事情的人那里听到后，经过我自己考核过了的。就是这样，真理还是不容易发现的：不同的目击者对于同一个事件，有不同的说法，由于他们或者偏袒这一边，或者偏袒那一边，或者由于记忆的不完全。”①

在史料收集方面，希罗多德所体现出的严谨和求真精神令人敬佩，但他在分析这场战争原因时所体现出的理性和探索精神，更加令人称道。《伯罗奔尼撒战争史》是一部专门叙述和探讨战争与政治的史学著作，故修昔底德不仅详细叙述了战争爆发的过程，更从人性视角出发，深入分析了战争爆发的原因：雅典势力的增长以及由此而引起了斯巴达的恐惧，随后，他进一步指出：这场战争的真正起因，是人贪婪的本性，即对权力和财富不可思议的迷恋之情，这也是一切战争的起因。修昔底德对战争原因的探讨，提出了后世西方政治学家和历史学家研究的一个重要命题——“修昔底德陷阱”。

对于史学研究的求真与探索，希腊化时代罗马历史学家波里比阿说得更加精辟：“真实之于历史，正如双目之于人身。如果挖去某人双目，这个人就终身残疾了，同样，如果从历史中挖去了真实，那么所剩下来的岂不都是无稽之谈。”② 其实，对于史学而言，求真与探索密不可分，求真就是讲证据、实事求是、去伪存真，求真是史学的基础，没有求真就不可能有

① 修昔底德:《伯罗奔尼撒战争史》，谢德风译，北京：商务印书馆，1997年，第16—18页。

② 郭圣铭:《西方史学史概要》，上海：上海人民出版社，1983年，第53页。

探索，更不可能得出有价值的结论或探索出社会发展的规律。纵观西方古典史学家，他们对此已有深刻认识，他们求真与探索的治史精神也成为西方史学的一大优良传统。

二、重视对“当代史”的撰写及历史垂训作用

重视对“当代史”的记述及历史对现实的垂训和借鉴功能是西方古典史学家治史的又一优良传统。正如希罗多德怀着“为了保存人类的功业，使之不致由于年深日久而被人们遗忘”的情怀撰写《历史》，而修昔底德撰写《伯罗奔尼撒战争史》的目的则更为明确：

“在这次战争刚刚爆发的时候，我就开始写我的历史著作，相信这次战争是一场伟大的战争，比过去曾经发生过的任何战争更有叙述的价值。我的这种信念是根据下列的事实得来的：双方都竭尽全力来准备；同时，我看见希腊世界中其余的国家不是参加了这一边，就是参加了那一边；就是那些现在还没有参加战争的国家，也正在准备参加；这是希腊人的历史中最大的一次骚动，同时也影响到大部分非希腊人的世界，影响到几乎整个人类。”①

作为这场战争的参与者和见证者，修昔底德从战争刚爆发就给予高度关注，因为在他看来，这场战争影响巨大，有很高的叙述价值，更重要的是，他想了解和分析这场规模巨大、影响深远的战争爆发的真正原因。最终，修昔底德认为是人性的贪婪所致，他之所以将战争爆发的原因归于人性，因为在他看来，人性不会改变，且存在共同的人性，因此，历史就会

---

① 修昔底德:《伯罗奔尼撒战争史》，谢德风译，北京：商务印书馆，1997年，第2页。

一再重演，悲剧就会再次发生，故深入分析这场战争爆发的原因可为后人提供历史借鉴。

在西方古典史学发展的第二个重要时期——古罗马时期，史学家们亦非常重视对“当代”罗马史的撰写，这是因为，一方面，罗马在早期的征服和扩张过程中，多次遭遇挫折，引起了罗马人的反思和忧虑；另一方面，罗马社会政治制度几经变动，从早期的王政时代、共和时代，再到帝制，尤其是从共和时代向帝制转变的过程中，罗马社会长期陷入内战和纷争。在此情况下，罗马历史学家一方面缅怀其祖先曾经取得的辉煌成就，另一方面，面对急剧变动的社会乱局，他们忧心忡忡，思考其原因。因此，从古罗马时期的史学家的著述中可以看到他们对当时罗马社会的高度关注。如罗马史学的奠基人——马尔库斯·波尔基乌斯·伽图（公元前234—公元前149年），在其著述的《罗马历史源流》中，对罗马建城以来的历史及对外征服扩张的历史进行了详细记述，进而使得罗马史学中强烈的“政治史学”传统由此逐渐形成。此外，在他的史学著作中洋溢着强烈的爱国主义情感，并企图通过撰写历史著述以训示和教育罗马后人。

“他不仅亲自教孩子识字，而且他还是法律老师兼体育教练。他不仅教儿子投掷标枪、搏斗、拳击和骑马，而且教他忍受暑热和严寒在台伯河里游泳。他说《罗马史》是他自己亲手书写的，以便他的儿子在家里就能了解国家的古老传统。”①

继伽图之后，对罗马史学做出巨大贡献的是撒路斯提乌斯（公元前86—公元前34年），他主张通过历史研究，以“语言文字服务于国家”②。撒路斯提乌斯是活跃于罗马政界的显赫人物，曾当选公元前52年的罗马保

① 普鲁塔克:《希腊罗马名人传》(上册)，北京：商务印书馆，2010年，第366页。

② 撒路斯提乌斯:《喀提林阴谋》，王以铸等译，北京：商务印书馆，1995年，第94页。

民官，由于其原本是罗马统治集团中的重要一员，后因政治斗争失势才退出官场，归隐田园，潜心著述，这也使他能够冷静客观地思考历史。在其著述的《罗马史》《喀提林阴谋》《朱古达战争》中，不仅保留了珍贵的有关罗马共和制末期历史的第一手资料，而且对历史研究活动也提出了自己的思考。撒路斯提乌斯将历史研究视为一项神圣庄严的事业，强调严守历史事实的客观性。他的著作不仅揭示了罗马共和制末期严重的社会危机以及罗马贵族的腐败无能，还抨击了罗马政界的各种弊端，进而寻求罗马社会日益衰败的根本原因。为此，他殚精竭虑地搜集史料，从他的分析和叙述中，我们能深切地体会到这位亲身经历过政治动荡和社会战乱的知识分子对罗马共和国前景的忧虑，感受到一个拥护共和制度的历史学家的思想情怀。

除此之外，我们从古罗马时期另外一名著名历史学家——李维（公元前59—公元17年）及其著作中更能体会到他对罗马“当代历史”的关注。李维所生活的年代正处于屋大维统治时期，此时的罗马海内一统，国家富强，罗马进入盛世，其文化也进入“黄金时代”，在此背景下，罗马史学也迎来了成熟和繁荣时期。李维生活在一个激变动荡的时代，他目睹了罗马由分裂走向统一，看到整个地中海世界都屈服在罗马的武力之下。随着罗马共和制度的瓦解和帝制的建立，罗马社会由动荡、战乱走向安定和平，有利的客观环境和良好的阅历，为李维潜心静思、抚今追昔提供了可能的条件，罗马历史发展进程及巨变引起了他的沉思，使他感到有必要穷本溯源、追述罗马人祖先的创业事迹和英勇奋斗的进取精神，借以复昭昔日罗马共和国的荣光和雄风、改良今日罗马人的品行德性，从而有助于改变当时罗马世风日下、人心不古的局面，避免重蹈罗马共和国覆灭的前辙。于是，李维立志要写一部罗马人的全史，即从罗马建城开始直至他所生活的那个时代。纵览李维的《罗马史》可以看出，他撰写此书的目的意在宣扬爱国主义、振奋民族精神以及进行道德垂训。正如其所言：

“研究过去的事情，可以得到非常有用的教益。在历史真相的光芒下，你可以清清楚楚地看到各种各样的事例。你应当把这些事例当作借鉴：如果是好的，那么就模仿着去做；如果那是罪恶昭彰而最后身败名裂的，那么你就要引以为大戒、竭力避免。”①

除李维外，波里比阿在其撰写的《罗马通史》中对罗马早期在扩张过程中取得辉煌成就的原因进行了深入探索，即探讨罗马从一个小小的城邦，为什么会在短短的半个多世纪内，征服了几乎整个文明地区，并将之置于自己的统治之下。罗马取胜的原因何在？此外，他还明确阐述了历史学的价值——观往事以说明现在，鉴陈迹而明事理，以垂训后世，换言之，波里比阿认为：“就政治生活而言，最好的教育和训练就是研究历史。取鉴于前人的覆辙，是教人如何英勇豪迈地面对困难，战胜命运的不二法门，除此之外，别无他途。”②

综上所述，在西方古典史学时期，历史学家已深刻认识到史学研究的最终目的和经世致用的社会功能。因此，他们在书写历史时，注重对当代重大历史事件的记载，并对其原因进行深入分析，真正体现了史学的经世致用，借鉴垂训的史学功用和价值。

三、史家重视自身的修养

西方古典史学时期的历史学家重视史学的求真与探索，反映出他们具

---

① 郭圣铭：《西方史学史概要》，上海：上海人民出版社，1983年，第44页。

② 郭圣铭：《西方史学史概要》，上海：上海人民出版社，1983年，第55页。

有良史的崇高素养，而重视对“当代史”的撰写以及重视史学的垂训和借鉴功能，笔者认为，与古希腊、古罗马时期历史学家的个人经历和人生阅历有密切关系。纵观古希腊和古罗马时期历史学家的个人生平，可以看出，他们大多是活跃于当时政坛的政治家，但同时也是历史学家，如希罗多德早年游历甚广，为其以后撰写《历史》奠定了基础，提供了第一手资料，修昔底德作为雅典推选出的十将军委员会成员之一，亲自参加了伯罗奔尼撒战争；而罗马时期的历史学家——伽图、撒路斯提乌斯、恺撒、李维、塔西佗、波里比阿等人皆为罗马政坛的显赫人物，是很多重大历史事件的见证者和参与者。因此，他们对当时希腊、罗马社会面临的现实问题有着常人难以企及的体会和思考。

除此，作为一名历史学家，与他们个人的自身修养也有密切关系。纵览这些代表性的西方古典史学家的著述，可以看出，他们具有宽广的历史视野，深厚的人文素养，敏锐的历史眼光等。如希罗多德撰写的《历史》一书，内容十分丰富，不仅叙述了西亚、北非以及希腊等地区的地理环境、民族分布、经济生活、政治制度，还记录了这些地区的历史往事、风土人情、宗教信仰、名胜古迹等，为后人展示了古代近20个国家和地区的民族生活图景，宛如古代社会一部小型百科全书。该书写作的主题虽为希波战争，但希罗多德并没有将此书写成战争史或军事史，而是以极其广阔的视野，不仅叙述了希腊的情况，还把他当时所知道的整个“世界”的历史情况都纳入了自己的写作范围。尤其是他一视同仁看待各个民族的历史文化，非常难得，他不仅盛赞希腊文化的辉煌，而且明确指出这些古代东方民族都有自己的长处、对所谓的“蛮族”文化应当给予充分的尊重，不应该互相抱有偏见或者相互歧视。

值得一提的是，希罗多德还认为：希波战争实际上是希腊文化和古代东方文化之间的冲突，不了解这两种文化的特征，就无法深刻理解这场文化冲突的真正因果所在。因此，他在著作中不仅记述了政治、军事、外交等方面的内容，而且叙述了各国各地区的地理形势、经济生活、民情风俗、宗教信仰等等，几乎无所不包。

李维著述的《罗马建城以来史》，所述史事始自神话中的爱涅斯来到意大利、止于奥古斯都时代晚期（公元前9年），全书共142卷，该书实际上是一部罗马通史，不仅创立了西方史学中的通史体例，也奠定了李维在西方史学史上不可动摇的地位。

波里比阿的历史眼界更为开阔，已经具有较为明确的世界历史发展的整体观念，从他著述的《通史》中就可看出："我所叙述的历史，始自第140奥林匹亚德……从这时起，各国的历史开始成为一个有联系的整体：意大利、利比亚、希腊以及亚洲，各地所发生的史事都是互相影响的。所有那些史事的发展倾向，最后都要归于一统。"①

除此之外，西方古典史学家的著述，文笔优美，可读性非常高，体现出了古典史学家深厚的人文素养。从今天的角度来看，希罗多德的《历史》实际上是一部把文化史和描述性社会学结合在一起的"百科全书"，它不仅是西方史学的奠基之作，而且也是西方历史上第一部文化史著作。通过该书可以看出：希罗多德在叙事方面表现出诗人的风范，兼有学者和诗人两者之长，他用爱奥尼亚方言、采取散文的形式进行写作，词汇丰富、文笔华美；叙事简明扼要，文章晓畅可颂且有韵致；同时，他还巧妙地运用了对比和故事插叙的描写手法，堪称文学巨匠，特别是他对温泉关战役和萨拉密战役的描写，气势恢宏、有声有色，是古典历史名篇中的上乘佳作。因此，《历史》一书不仅具有重要的史料价值，而且具有很高的文学价

① 郭圣铭：《西方史学史概要》，上海：上海人民出版社，1983年，第53页。

值。更重要的是，它还开创了西方历史写作中的叙述体体裁，成为西方历史著作的正宗。

古希腊三大历史学家之一的色诺芬，在其著述的《远征记》中，以逼真的手法描述了自己的亲身经历和感受，产生了一种强烈的戏剧性感染力，从而成为古希腊文的范文之一。作为罗马历史上重要的政治人物——恺撒，其撰写的《高卢战记》行文流畅、文笔简洁清晰，对此，古罗马哲学家和文学家西塞罗给予高度评价。他说《高卢战记》就像裸体塑像那样直率和雅致，在风格上剥去了一切装饰，就好像把衣服都搁在一边。他的目的是为其他人撰写历史提供素材，他也许成功地满足了那些庸人们的欲望，因为他们希望用他们自己的烫发钳整理他的材料（但他还使得那些有头脑的人不敢去涉猎这个题目）。但我们从作品中可以察觉到他有着健全的判断力，因为在历史中没有什么比简洁、清晰、准确更令人喜悦了。除此，英国诗人拜伦评价李维的历史著作像是生动的画卷，英国史学家麦考莱认为塔西佗在刻画人物性格方面，是古今无匹的。

综上所述，可以看出，西方古典史学时期，史家辈出，他们通过艰辛探索，为后世留下了丰硕的史学著作，成为后人了解两千多年前西方文明的一个重要窗口，尤其是他们的治史精神，依然对现今历史研究者具有重要借鉴意义。目前，我国正处于国家复兴、民族崛起的关键时期，历史学和历史研究者不应，也不能缺席，而应发挥“以史为鉴、鉴往知来”的史学价值和功能。然而，我国目前史学研究与其所肩负的社会责任和社会功能尚有差距，正如中国社会科学院副院长、中国历史研究院院长高翔指出的目前我国历史研究存在的问题：一是历史研究碎片化，“见孤木以为森林、拾芝麻以为珠玑”，过分纠缠纠结于历史的细枝末节，缺乏对全局的认识和把握；二是淡化理论，缺乏对本质和规律的探索；三是远离现实，缺乏对当下的关怀，不善于从服务现实中推动学术的提升和进步。[①]

对于上述存在的问题，中西古代诸多的历史学家通过他们的实践和探索，已留下了很多有益的启示 —— 对历史真相和社会发展规律的探索，重视史学的经世致用功能，重视史家的自身修养等。其实，作为史学研究者，应牢记史学研究的核心价值和真正意义是什么。纵观中西史学发展历程，可以看出，一定时期的学术研究是一定时期社会现实的折射或回声，在人类历史上，每一个时代都有一些具有全局性、根本性意义的问题，对于这些重大历史问题，中西方史学研究者在不断反思，无论是史学思潮的演变，史学观点的重构，还是史学研究方法的推陈出新，均是如此。而当今中国，正处于民族复兴、国家崛起的关键时期，面临世界百年未有之大变局，作为史学研究者，我们不能回避挑战和问题，而应深切理解时代的需求，继承和弘扬中西史学优良传统，用史学服务于国家。

① 高翔:《今天，我们需要什么样的历史学》，载《光明日报》，2019年6月17日第14版。

从边方属部到朝廷军民

——明代沙州卫内迁研究*

周松

（西北民族大学历史文化学院，甘肃兰州）

摘　要：元末明初，沙州地区处于元朝察合台系后裔的统辖之下。洪永之间，蒙古在沙州地区的统治可能发生过明显断裂，新崛起的困即来家族归附明朝，成为沙州卫。然沙州卫实际存在的时间只有40余年。沙州卫内外矛盾的发展撕裂了统治集团，促使其被迫迁居内地，沙州卫实际废置。沙州卫降人先后经过甘肃河西走廊南山、山东东昌、南直隶，其记载最终消失于两广地区，是明代各类内迁案例中，迁徙次数最多、迁徙路线最远的一个。这一多次迁徙行为与明朝日趋保守的对内迁民族的态度和政策改易有着直接的关系。同时，也不可避免地导致原沙州卫降人群体逐渐融入内地社会之中。在明代内迁民族研究中，涉及中国南方的不多，但借助沙州卫降人内迁线索可以勾连穿索其他南方内迁民族信息，充实相关问题的研究。

*　本文原名《明代沙州“达人”内迁新论》，原载《清华大学学报（哲学社会科学版）》2017年第5期，刊出时有删节。

关键词：明代；沙州卫；内迁路径；中国南方

元末明初，今甘、青、新三省区交界处的西北内陆地区大体处于察合台后裔的统治之下。元朝退居漠北后，短期内仍保持着对塞北、东北、西北的直接控制力和云南、"西番"藏区的间接影响力。[①] 在"复兴"愿望的驱使下，漠北汗廷在西北地区持续施加政治影响。明朝为追求"一统华夷"的政治目标，频频使用军事、政治手段强化对北元的打击，缩小其影响力，逼迫附元的和持观望态度的西北各部族集团尽快归附明朝。在洪武朝的三十一年里，明朝西北用兵的规模一般较小，但战事频率较高，军事和政治招抚轮番使用，最终"建重镇于甘肃，以北扼蒙古，南捍诸蕃，俾不得相合"[②]，实现了对河西走廊的完全占领和对西北诸族的控制。随着朱元璋西北经略的渐次推进，西北内陆荒原的隔绝平静状态被改变，原有各支蒙古宗王的实力大为削弱，不少王嗣断绝，新整合的部族集团取而代之。1388年北元覆亡之后，他们被悉数纳入明朝的边疆羁縻军卫体制之下。这是沙州地区区域变迁的政治背景。

一、洪武朝沙州与明朝关系

洪武五年（1372）明军大举征伐漠北，冯胜西路军攻入元甘肃行省境内，傅友德所部更是远及瓜、沙等处击败元军。虽然明军很快弃守甘肃，转而在西北边疆采取守势，但是它毕竟开启了沙州与明朝关系的序幕。

---

① 参见达力扎布：《北元初期的疆域和汗斡耳朵地望》，见氏著：《明清蒙古史论稿》，北京：民族出版社，2003年，第20—53页。

② 张廷玉：《明史》卷三三〇《西域列传二·沙州卫》，北京：中华书局，1974年，第8549页。

（一）洪武朝沙州内属

洪武中期，明朝对哈密及邻近地区的用兵势必影响沙州。洪武十七年凉州卫指挥使宋晟率师征讨西番，曾兵至亦集乃路。或许感受到明人的持续压力，“故元国公抹陀等四人自沙州来归”。[①]《华夷译语》附有《撒蛮荅失里等书》蒙古文献一篇，文中涉及了迁住于沙州的蒙古部落及其与明朝的关系。蒙古史学家司律思考证此文书的时间在1384年11月之前。他将文书中的“木荅”（Muda）与《实录》中的“抹陀”（Mo-t’o）视为一人，提出不应将抹陀等人“来归”理解为此时才归附明朝，时间应更早一些，[②]这一观点值得重视。《撒蛮荅失里等书》里提到了沙州首领们与明朝的通使往来，[③]文献里的“指挥古出克”不见于《实录》，但是他的官衔“指挥”在蒙古文书中却是以汉文直接出现，揭示了其所受职位来自明朝封授。古出克与撒蛮荅失里等人不像同属一个集团。他即使不是沙州的土著，至少也是在撒蛮荅失里之前来到沙州。如果承认洪武十七年之前撒蛮荅失里等人接受了明朝的领导，那么也只能说明他们是在取得明朝的官职后才徙居沙州地区。在留居沙州后的几年中发展了与沙州传统政治力量的关系。于是我们看到洪武二十四年正月有“沙州王子阿鲁哥失里等遣国公抹台、阿巴赤、司徒苦儿兰等贡马及璞玉”[④]的记载。司律思认为此沙州朝贡者“国公抹台”（Mo-t’ai，一本作林召）与“国公抹陀”为同一人。它由反面印证了洪武十七年“自沙州来归”的蒙古部落应为撒蛮荅失里集团。使者中

① 《明太祖实录》卷一六七，台北：“中研院”历史语言研究所，1962年，第2557页。

② 参见Henry Serruys: *The Dates of The Mongolian Documenta in The Hua-i i-yu, Harvard Journal of Asiatic Studies*, Vol. 17, No. 3/4 ,Dec., 1954, pp. 423–424。

③ 参见火原洁编：《华夷译语》下，译文见敖特根《莫高窟北区出土“阿剌忒纳失里令旨”残片》注释10，载《敦煌学辑刊》2006年第3期，第38页。

④ 《明太祖实录》卷二〇七，台北：“中研院”历史语言研究所，1962年，第3084页。

的阿巴赤（Abači）是迁居沙州的十位蒙古首领之一，此时代表沙州王子出使明朝意味着迁居沙州的蒙古集团与土著蒙古集团间实现了某种程度的整合。到此，我们可以大体以洪武十七年作为沙州早期内属的标志。

（二）沙州之战与沙州“达人”首次强制内迁

尽管沙州与明廷建立了某种臣属关系，但这一关系没有获得很大提升。明朝既没有在沙州设立卫所，也没有对沙州首领们普遍封授武职。洪武二十九年，明朝发动了军事进攻，矛头直指沙州集团。

《天潢玉牒》载：“二十九年丙子，肃王奏，遣甘肃都指挥陈晖等征沙州、昔耳丁达寇，平之。”① 此事不见于其他史籍。检《实录》，谓洪武二十九年二月陕西行都指挥使陈晖等上奏：“鞑靼有宗他力者，挈其家属十余口、马二十匹来降。臣等讯之，言：失剌罕之地有伪王撒力失结、伪国公完者不花；失包赤之地有伪国公末台并其属三千余人。于是，命晖及同知马溥率甘州等卫兵五千人讨之，以宗他力为乡导。兵抵其地，击败撒力失结等，获男女一千四百七十余人，杀院使乞力秃儿等一百三十余人，招降七百余人，得马驼牛羊七千六百。事闻，诏来降鞑靼送京师，马驼牛羊赐战士。”② 笔者认为这两条史料反映的是同一事，只不过史源不同。前者出自藩王上奏；后者出自地方军事指挥官报告。征伐沙州一事对应在《实录》中长期存在误读，以为在青海东北部，结合《天潢玉牒》的记载则有了新解。以下先就相关地名略做考证，以证此事。

昔耳丁，亦写作昔儿丁,《明史·安定卫传》作“苦儿丁”。“昔耳丁”之具体地望，学术界认识一致。此地为今甘肃敦煌市以南阿克塞哈萨克族

---

① 佚名:《天潢玉牒》，见《四库全书存目丛书·史部》第19册，济南：齐鲁书社，1995年，第745页。

② 《明太祖实录》卷二四四，台北：“中研院”历史语言研究所，1962年，第3549—3550页。

自治县团结乡境内之大小苏干湖盆地一带。

失剌罕在史籍中出现得比较频繁。万历《临洮府志》称赵英于“寻以征失剌哈真地，擒伪祁王锁南功。”[①]《武骧右卫选簿》载：“汪桶罕帖木儿，沙州卫达达人。宣德元年收充勇士。正统十三年失剌哈真等处擒获伪祁王锁南奔等，本年七月升小旗。”[②]正统十三年（1448），明军进攻罕东卫，抓捕锁南奔时，就到达此处。史称毛忠（毛哈剌）“戊辰（正统十三年）三月奉勅征进罕东等处，至失剌哈真界。夜集虏营，生缚伪祁王锁南奔并部下二百余人，招降沙州等处土达七十余人，升右军都督府佥事。”[③]《实录》中不见“失剌哈真”地名，而是称作“阿速兰山”，[④]显然阿速兰山就在失剌哈真境内，大约是沙州东南方向的祁连山。上述地名均在沙州范围之内，“失剌哈真”实为“失剌罕”之异写。

失包赤，亦作失保赤。洪武八年正月明朝“置失保赤千户所，以答儿木为正千户，世袭其职，隶河州卫”。[⑤]这里的“答儿木”有可能是迁居沙州的十首领之一。可见，在相当长的时间内，河州卫遥领了青海北部直至甘肃、青海、新疆交界处的大片区域，在洪武初年明朝放弃河西走廊之后，实际上担负控御西北的重任。

陈晖进军沙州的情报来源是降人韃靼宗他力提供的消息，即在失剌罕和失包赤盘踞了两股蒙古势力。《天潢玉牒》中所说的沙州和昔儿丁正好

---

① 唐懋德：万历《临洮府志》卷一九《列传》，《稀见中国地方志汇刊》第9册，北京：中国书店出版社，1992年，第204—205页。

② 《武骧右卫选簿》“试百户汪斌”，见中国第一历史档案馆、辽宁省档案馆编：《中国明朝档案总汇》第53册，桂林：广西师范大学出版社，2001年，第158页。

③ 邓廷瓒：《伏羌伯赠伏羌侯谥武勇毛公忠传》，见焦竑：《国朝献征录》卷九《伯一》，《续修四库全书》第525册，上海：上海古籍出版社，2002年，第310页。

④ 《明英宗实录》卷一六八，第3249页；《明英宗实录》卷二一二，第4564页。

⑤ 《明太祖实录》卷九六，台北：“中研院”历史语言研究所，1962年，第1654—1655页。

对应了两处地方。因此，失剌罕和失包赤肯定是位于沙州境内的敦煌和色尔腾湖地区。因此，沙州集团当时控制了今敦煌、阿克塞的广大地区。此外，当年五月，“甘州护卫将士巡边至供窝儿，获胡人乃哈歹等。询知逃寇祈者孙、乞奴往哈梅里，哈剌章往速剌讨来川，伪王撒户失加往朵工。事闻，诏陕西行都司及肃府护卫：祈者孙已远遁，宜勿追。哈剌章在讨来川，不可不捕。哈歹等二十人发戍沿海卫所。”[①] 笔者认为逃亡朵工（朵甘）的撒户失加王就是在失剌罕被击败的撒力失结王，极有可能是元代察合台宗王豳王的后裔。

二、从沙州卫成立到整体首次内迁河西走廊

永乐初年，沙州与明朝关系迅速密切。沙州卫的设立始于永乐三年（1405）。整个永乐时代，沙州卫作为明朝西部边疆的藩屏发挥了自己的作用。随着永乐北征的结束，明朝对东蒙古的系列打击客观上帮助了西部瓦剌。瓦剌勃兴对明朝西北边境产生的压力也随之呈现。宣德以来，沙州卫内部开始出现分裂，外部不断遭遇来自哈密、罕东、赤斤蒙古，尤其是瓦剌的袭扰，深陷难以自存的困境。此时有一些沙州卫部众选择归附明朝。

（一）正统十一年前的沙州卫

处于强邻环伺中的沙州卫很早就表现出对自己处境的担忧，宣德六年（1431）适逢境内饥荒，困即来请求明廷赈济并帮助修建沙州城，遭到拒绝。[②] 明朝仅提供500石粮食，命困即来前往肃州领取了事。[③] 宣德九年，

① 《明太祖实录》卷二四六，台北：“中研院”历史语言研究所，1962年，第3569页。

② 参见《明宣宗实录》卷八五，第1975—1976页。

③ 参见《明宣宗实录》卷八七，第2003—2004页。

困即来再次提出为躲避罕东、西番的掳掠，要迁往“察罕旧城”居住，仍为明廷拒绝。[①] 所谓察罕城，汉译白城，一般认为地在今高台县东南。明初濮英曾经率军经略白城、赤斤诸处，后明军曾在此戍守。但是，这个位置并非困即来所指之“察罕旧城”。《一统志》云：“白城子，在肃州卫城东北一百二十里。”《元志》云：“在黑水河之西。又瓜州北亦有白城子。”[②] 笔者认为当属后者，在今瓜州县北部。

困即来再度准备内迁恐怕仍然与连年灾荒有关，虽然明廷再次拒绝了东迁要求，但是同意甘肃边将给予接济。[③] 沙州卫的迁离与罕东卫的扩张同步。正统四年，罕东卫都指挥率领部属即已进入沙州地方居住，沙州卫的都指挥阿赤不花率130余家也逃往哈密。[④] 对此，明廷下旨要求退回原地，哈密遣返逃人，[⑤] 后又遣使哈密，试图带回在那里的沙州逃人。[⑥] 明廷干预的结果是正统五年都指挥桑哥失力等84家被遣还，但是仍留有指挥哈剌苦木等68家。[⑦] 显然，罕东卫此时业已取代了沙州卫而与哈密卫接境，并开始袭扰哈密，抢掠人口牲畜。[⑧]

正统七年，困即来第三次请求在甘肃近边筑城。在明朝甘肃边军的帮助下，沙州卫顺利修葺了苦峪城，作为躲避瓦剌、罕东等袭扰的据点。[⑨] 这就意味着沙州卫主体开始离开原居住地，移入苦峪城。《明史》称“自是

---

① 参见《明宣宗实录》卷一一〇，第2473—2474页。

② 李贤等：《大明一统志》卷三七，西安：三秦出版社，1990年，第656页。

③ 《明英宗实录》卷一二，第222页。

④ 《明英宗实录》卷五六，第1079—1080页。

⑤ 《明英宗实录》卷五七，第1084—1085页。

⑥ 《明英宗实录》卷六二，第1176—1177页。

⑦ 《明英宗实录》卷六九，第1341页。

⑧ 《明英宗实录》卷八〇，第1581—1582页。

⑨ 《明英宗实录》卷九八，第1981页。

不复还沙州，但遥领其众而已”。[①]

东迁的沙州卫仍然担负着护送往来西域和明朝贡使的重任，甚至远及莽剌川、哈剌忽鲁烘地面。[②] 可是随着瓦剌的步步紧逼，沙州等卫对明朝的离心倾向逐渐增强，各番卫间的矛盾也更加激烈。

为摆脱困境，沙州卫内部的一些头目开始对外寻求新的发展，其中的政治抉择之一就是归附明朝。自洪熙元年（1425）到正统十二年沙州卫整体内迁之前大约有8批次沙州大小头目的归附（见表1）。

表1 洪熙元年至正统十一年间沙州卫内属情况简表

内附时间	内附人	授职	居住地
洪熙元年（1425）	把失帖木儿挈家	所镇抚	北京
宣德元年（1426）	那孩帖木儿等	试所镇抚	甘州
宣德六年（1431）	忽迭儿必失等七人	百户、所镇抚	北京
宣德六年（1431）	伯兰沙等	指挥佥事等官	甘州
正统元年（1436）	阿儿台等二十人	指挥佥事、千户	北京
正统二年（1437）	古南他木儿	所镇抚	山东
正统十年（1445）	哈密里火者等	（职名不详）	南京
正统十一年（1446）	桑哥失力率部属三十家	都指挥同知	甘州

① 张廷玉：《明史》卷三三〇《西域列传二·沙州卫》，北京：中华书局，1974年，第8561页。

② 参见《明英宗实录》卷一〇八，第2184—2185页。

明朝政府对于这些早期沙州归附者仍沿袭传统方式分别将西北河西走廊和北京作为主要安插地域，并没有表现出特别的政治意图。

（二）沙州卫内迁的原因

宣德年间，瓦剌脱欢拥立脱脱不花为主，击灭了阿鲁台。也先继立之后，瓦剌的势力进一步扩大，向东控制了兀良哈、女真，向西压服了关西诸卫，造成了元亡以来漠北政治力量第一次大规模整合的局面。这种急剧变化的形势对于明朝西北羁縻诸卫的政治倾向产生了直接影响。①

明廷也立即注意到了沙州卫政治上出现的不稳定性。正统九年，明人了解到瓦剌也先向沙州都督授职，下旨告诫②，随之加紧了对沙州各卫的笼络和情报搜集工作。年底，明朝一方面将沙州主要首领桑加失里、乃儿不花、只孙、彻米彻、滕吉思等人加升一级官职，另一方面直接针对沙州卫进行劝说。明朝声称瓦剌并不可信，要求沙州拒绝瓦剌拉拢，甚至许诺了军事支持。③

面对明朝和瓦剌的步步紧逼，沙州卫内部分歧很快表面化。正统十年，传来了沙州卫指挥使乃儿不花等邀结瓦剌也先，可能引兵劫掠沙州的消息。④ 沙州卫首领喃哥也开始倾向瓦剌。⑤ 在明与瓦剌对沙州的争夺中，瓦剌无疑凭借天时、地利、人和抢占了先机。正统十一年七月甘肃总兵官任礼上奏朝廷，声称沙州卫都督佥事喃哥等“阴有叛附瓦剌之意，恐构成

① 参见马大正、成崇德主编:《卫拉特蒙古史纲》，乌鲁木齐：新疆人民出版社，2006年，第34页。

② 参见《明英宗实录》卷一二二，第2453页;《明英宗实录》卷一二二，第2457页;《明英宗实录》卷一二四，第2472页。

③《明英宗实录》卷一二四，第2481—2483页。

④《明英宗实录》卷一三〇，第2597页。

⑤《明英宗实录》卷一三四，第2672页。

边患”。于是，明朝下决心以强制方式解决问题，“上敕礼等相机收捕，回甘州居住，善加抚恤，毋致失所。果有怀异心者，起送来朝，密奏处置，毋令蛊惑众心。”①

沙州卫在明与瓦剌的抗衡斗争中处于非常尴尬的艰难境地，不得不以首鼠两端的形式维持政治平衡。但这种平衡不可能长时间维系，在瓦剌通过联姻、明朝通过敕谕的和平方式都不能确保沙州卫对自己的完全臣服后，双方均不约而同的诉诸武力。

还有一个原因就是沙州卫在困即来死后，内部的矛盾斗争激化和公开化了。这个矛盾除了体现为或附明（如桑哥失力），或投靠瓦剌（如乃儿不花）的政治选择之外，还表现为沙州统治家族内部的权力争夺。沙州都督困即来死后，明英宗下旨“朕以尔喃哥系嫡长子，命袭父职为都督佥事，掌卫印信；尔克罗俄领占系第三子，特除都指挥使，协同管事。”② 在事实上形成了沙州卫的二元领导体制。任礼曾言“沙州卫都督喃哥兄弟乖争，部众离贰”，当与这一体制的不稳定性所造成的结果有关。

（三）沙州卫的第一次内迁

明代早期，朝廷往往将“归附者”们先安排在缘边地区（主要是北部边境），等到确认他们在明朝境内的生存状态趋于稳定之后，常常会将其再度迁入腹里地区。明正统朝对待沙州卫内迁问题也延续了这一方式。

正统十一年适逢沙州卫发生饥荒，明朝在给予救济③ 的同时，甘肃总兵官任礼提议“欲乘其饥窘，迁之塞内”，加之喃哥来称欲入居肃州小钵

① 《明英宗实录》卷一四三，第2831页。

② 《明英宗实录》卷一一九，第2414页。

③ 《明英宗实录》卷一四三，第2834页。

和寺。[①] 任礼遂派遣都指挥毛哈剌（毛忠）、赵哈剌不花随同喃哥先行招抚，大军继至。众人至沙州卫后，喃哥动摇，部众意欲投奔瓦剌。但在任礼大军的胁迫下，全卫迁入甘州，共计205户，1230余人。明廷的意见是“所议欲以甘州南山一带给之耕牧，俟其志向安定，收为土官土民，随军操调，皆姑从尔议。但安抚远人，须在经久。今其来附，恐非得已，且向背不齐，实情叵测，不可不防。议者谓果无异图，置之边州无不可者。如或不然，必须徙之内地，庶无后虑。此二策何者为便，其审计以闻。”[②]《明史》于此后补充说：“然自是安居内地，迄无后患。”[③] 研究者往往据此认为沙州卫被明朝留居于张掖南山，后来成为裕固族的先民之一。

然则揆诸当时形势，将上千强制内迁的所谓“达人”就地居住河西走廊，要冒相当大的风险。尤其是瓦剌曾经屡次与沙州等卫筹划缔结姻亲，不得不使明朝对沙州卫上层高度警惕。正统八年，也先遣使歘哥伯准备娶困即来之女为弟媳，赤斤卫且旺失加之女为儿媳。[④] 明廷表面上没有明确反对。瓦剌则进一步封沙州、罕东、赤斤蒙古三卫首领为平章，恢复了元代甘肃行省的名号，被明廷视为“意在邀结夷心”。[⑤] 此举引发明朝强烈不满。事实上，自正统九年以后，沙州卫就处于两属状态。困即来死后，也先再次派遣歘哥伯出使沙州卫结亲，并要求喃哥亲自前往瓦剌送女。这一次明朝公开反对，命令喃哥不得离开驻地。[⑥] 上述瓦剌与沙州卫的互

① 注：史料显示，肃州以西有不止一个叫作“钵和寺”的地名。概言之，大钵和寺应在今嘉峪关市大草滩水库以西到玉门市交界处一带。小钵和寺约在嘉峪关以北长城以外。

② 《明英宗实录》卷一四五，第2854页。

③ 张廷玉：《明史》卷三三〇《西域列传二·沙州卫》，北京：中华书局，1974年，第8562页。

④ 《明英宗实录》卷一〇九，第2208—2209页。

⑤ 《明英宗实录》卷一二四，第2472—2473页。

⑥ 《明英宗实录》卷一三四，第2672，2673—2675页。

动，以及喃哥在明朝和瓦剌之间曾犹豫不决的事实，始终使明朝对其政治不确定性怀有疑虑。因此，明朝最终基于边境安全的考虑，采纳了甘肃边将的意见，选择将其悉数迁居腹里内地。此后，沙州卫作为羁縻军卫已经废置。

三、故沙州卫降人的二次迁移——山东东昌、平山

正统十二年三月，迁入河西走廊不及半年的沙州降人再度迁往山东境内。山东东昌地区具备何种条件，使其成为明朝抚置内附沙州部众的目的地应当分析。

（一）迁居山东原因

首先，从明朝处置“降人”的传统看，山东地区自明初以来就是次重点区域之一。史料显示，东昌地区早在洪武二年已经迁入了“北口子”降人[①]。归附人较大规模的迁入应在洪武二十年以后，史称“赐东昌等府新附鞑靼官军钞：指挥十锭、千户八锭、军士五锭。”[②]“新附鞑靼官军”的说法无疑与前一年大批内迁的纳哈出金山降众有关。直到明末，山东沿海军卫中还有达官军。《文登县志》载，清初“收并成山卫旧管原额屯地，并达官达军及墩寨教场共地”[③]若干，即是明证。简言之，自明朝初年开始，山东就已经成为安插漠北降众的备选地区。

其次，明朝前期的东昌地区地广人稀，一直是移民的迁入区。移民的来源有二：一是山西“狭乡”的农人；二是山东半岛的无地农人与流民。

① 《明太祖实录》卷四七，台北：“中研院”历史语言研究所，1962年，第0935页。

② 《明太祖实录》卷一八九，台北：“中研院”历史语言研究所，1962年，第2858页。

③ 李祖年修、于霖逢纂：光绪《文登县志》卷三下《赋役》，《中国方志丛书·华北地方·第368号》，台北：成文出版社，1976年，第233页。

复经靖难内战、自然灾害等因素影响，东昌人口再度流失，这样在永乐朝又出现了新一轮迁民潮。永乐九年、十年两次将“青、登、莱”等沿海三府民再迁东昌等地。① 明朝早期东昌地区遂成为内地重要的人口迁入目的地。

最后，新增军卫，兵员不足，需要调入有战斗力的人员补伍。宣德五年，武昌左护卫调入东昌，改为东昌卫。据《山东通志》，平山卫卫治在东昌府城东，有五千户所，嘉靖中正军并军余4057人。东昌卫在府治南，亦设五千户所，嘉靖中见在正军并军余1064人。此外尚有“濮州备御中左千户所，在州治西，属东昌卫。正统六年建”，嘉靖中见在正军并军余445人。② 考虑到两卫，尤其是东昌卫军伍失额严重的情况，可以认为在改卫之初，东昌卫就不是满额的军卫。那么，从军卫补伍的角度讲，迁徙沙州民众来东昌从军屯田也是必然之举。

（二）沙州卫降人迁居山东

明朝指派沈翼负责沙州卫内迁山东事宜，史载“（正统）十二年沙州达官喃哥内附，敕翼徙置东昌、平山，升郎中。”③

此次内迁还有一些遗留问题尚待解决，主要是少量原沙州卫余众未能跟随整体内迁。困即来在世时，沙州不断遭遇哈密掳掠，部分民众散处哈密。喃哥归附后，这些人的家属全部入塞。因此，他们趁跟随哈密入贡的机会留居内地，如沙州卫遗众矮尔丁、把剌亦等人就是这种情况。他们主

---

① 《明太宗实录》卷一二四，第1557页；《明太宗实录》卷一一六，第1476页。

② 陆釴等纂修：嘉靖《山东通志》卷一一《兵防》，《四库全书存目丛书·史部》第188册，济南：齐鲁书社，1996年，第62页。

③ 雷礼：《国朝列卿纪》卷三六，《四库全书存目丛书·史部》第93册，济南：齐鲁书社，1996年，第234页。

动内附后，明廷“还其妻子，分隶东昌、平山二卫”。[①] 再如正统十四年，嘉峪关所获“亦巴户免列二户系投降达官都督喃哥部下人，合随喃哥于东昌、平山二卫安插拨田，支给月粮优养”[②]，又是一例。

当然明朝最关心的还是喃哥之弟锁南奔的下落。明朝强制沙州卫内迁后，并没有见到锁南奔的名字。据任礼报告，他已成为瓦剌的祁王，逃往罕东。[③]《毛忠传》的说法是“时闻沙州都督喃哥偕弟却领占潜通瓦剌，将谋内寇。其弟锁南奔已密受为（伪）封祁王，逸去。”[④] 正统十一年九月喃哥内附之际，向明朝报告称其弟锁南奔早年曾聘罕东卫指挥撒巴之女为妻，此时正在罕东成婚。甘肃总兵官任礼也称“臣访得锁南奔曾受瓦剌伪封祁王，恐有他变。”[⑤] 为此，明英宗专门派人前往罕东卫招抚锁南奔。可是，明朝在罕东的招抚遇到了麻烦，罕东卫都指挥阿黑巴拒绝遣返。[⑥] 正统十三年任礼加兵罕东，终于擒获锁南奔，兵部要求将其处死。明廷认为“朝廷先因沙州系近边卫分，每被瓦剌逼胁欺害，已准都督喃哥等奏移其全卫头目人民于境内安居优恤。锁南奔不感朝廷大恩，潜窜瓦剌，私受伪职；又拒官军，不听招抚。论其叛逆之罪，固当处死。但念其父兄忠顺年久，特屈法伸恩，免其死罪。待其到时，兵部与通事明白谕以恩意法度，连其家属，送东昌卫与其母兄完住。”[⑦] 此时，原沙州卫的全体部众都被安插在东昌。另据史料中反映的内迁沙州卫户数和人数（200余户、1231人）

---

① 《明英宗实录》卷一六〇，第3114页;《明英宗实录》卷一六五，第3203页。

② 《明英宗实录》卷一七八，第3432—3433页。

③ 《明英宗实录》卷一四五，第2859页。

④ 焦竑:《国朝献征录》卷九《伯一》,《续修四库全书》第525册，上海：上海古籍出版社，2002年，第310页。

⑤ 《明英宗实录》卷一四五，第2854页。

⑥ 《明英宗实录》卷一五四，第3018—3019页。

⑦ 《明英宗实录》卷一六八，第3245页。

看，迁出河西走廊进行得比较彻底。

四、故沙州卫的第三次迁徙——南直隶

山东东昌、平山诸卫，青平、博平二县并非沙州卫民众在内地的最后落脚地。正统十二年八月巡按山东监察御史史濡声称“平山、东昌二卫安置达官都督喃哥等部属，恐后生养蕃庶，泛滥为非，难以制服，宜分遣往各都司卫所安置”，[①] 他的提议未获允准。

（一）三度迁徙之原因

“土木之变”发生后，北直隶及其邻近地区居住的所谓“家达子”乘势而动，杀人劫财，扰乱社会治安。于是又有人提出南迁沙州达官军的意见，如户科给事中王竑言：“原取沙州达官于东昌府卫安插者，其人素习凶犷，平居无事，常为盗贼。今虏寇犯边，尤宜堤备。乞设法俵散各人于江南远方，庶不乘机为患。”[②] 王竑之言得到朝廷的认同。

景泰间，提督辽东军务副都御史寇深就提议将开原等处的400余户归附人移入内地，并成为定制。兵部担心出现意外，要求再行斟酌。[③] 这说明明廷开始认真考虑将归附者起赴遥远南方的可行性。尽管此前有许多归附人被安插在南京锦衣卫，但多是考虑到归附者的主观意愿，而没有明显的防范意图。景泰朝之后，除了个别情况的反复以外，来降人迁居南方已成为基本趋势并最终成为定制。

尽管明景帝同意南迁沙州降人，但在整个景泰朝并没有公开实施。原

① 《明英宗实录》卷一五七，第3062页。

② 《明英宗实录》卷一八一，第3531页。

③ 《明英宗实录》卷二二〇，第4766页。

因在于明朝用另外一种调兵南方征战的替代方式造成沙州达官军主力脱离山东的事实。

从客观方面考虑，明朝自从永乐迁都北京之后，南直隶人口较少的状况在相当长的时间内并没获得真正改观。至少在正统初年，南直隶人口较之明洪武年间仍未有明显起色，这就为军卫南迁提供了客观条件。[①]

再度迁移沙州部众的直接原因是山东西部地区自永乐朝以降，灾害频仍。从1415年至1458年的44年间，山东东昌地区发生各类自然灾害不下20次；而自沙州降人内迁后的13年中，各类灾害超过11次，几乎连年受灾，发生频率很高。特别是景泰末天顺初年的水灾，导致出现大规模的流动饥民[②]需要政府赈济，税粮蠲免也达到创纪录的数额。[③]山东东昌等地的社会动荡形势加剧，当时的山东当地官员说“山东都司所管卫分多有安插夷人，又兼旁海，居民好乱”，[④]请求朝廷派遣得力官员前来任职。

天顺二年（1458）三月英宗在给镇守临清平江侯陈豫的敕谕中说：“朕念山东连岁荒歉，人民流离，困敝已亟，诚为可虑。其东昌、青、莱等府又多安插夷人，第恐因而相聚为非，未然之患，不可不防。敕至，尔宜不妨镇守往来巡历，整饬兵备，振扬威武，潜消意外之患。如遇盗贼生发，即为捕灭，毋令滋蔓。”[⑤]沙州卫降众居住山东已超过10年，明英宗再度关注他们的原因更主要的是自然灾害导致连年歉收，人民生活无着，容易引发社会动荡。

---

① 参见于志嘉：《明代两京建都与卫所军户迁徙之关系》（《“中央研究院”历史语言研究所集刊》第六十四本第一分册，台北：“中研院”历史语言研究所，1993年，第149页）等相关专论。

② 《明英宗实录》卷二八二，第6052页。

③ 《明英宗帝实录》卷二八四，第6096页。

④ 《明英宗实录》卷二九一，第6220页。

⑤ 《明英宗实录》卷二八九，第6190页。

这一年，年富一直在山东活动，沙州部众的南迁与他有一定关系。年富早年对永乐以来的招抚政策猛烈抨击，要求将归附人“遣返故土”。[①]类似的观点，李贤早年也曾提出过。不过明政府的主要官员，如行在礼部尚书胡濙等认为“缘此乃朝廷一视同仁之心，怀柔远人之法。若从富言，恐非良策。上命如议勿遣。”[②]遣返“远人”之争才算告一段落。虽然笔者认为年富要求软禁罗秉忠的提议未获支持，但是他表现出对山东沙州达官集团的忧虑影响了朝廷决策。年富巡抚山东之初，明英宗向他强调“及有安插达子亦宜谨慎防闲，加意抚恤。”[③]他“奏徙降虏之居东昌者，用销未然之患”，[④]从而在相当程度上促使朝廷下决心再度南迁沙州部众。

六月，原居平山卫的喃哥之弟克罗俄领占（罗秉忠）提出希望与其弟锁南奔及家属居住北京，明英宗同意了他的要求，但将他在东昌的部属送往南京。[⑤]同月，“命都指挥佥事武忠等管送山东东昌等府住坐夷人赴南京安置”，英宗特别指出因为山东连遭灾荒，粮食短缺，物价飞涨，“特念降夷度日艰难，恐致失所，故遣官送赴南京有粮之处安置，俾皆生遂。”要求武忠等人将这番道理告知所有待迁者，以消除抵触情绪。又命令“凡所经军卫有司，皆令应付舟车，给以廪食；在途加意抚绥防闲，如或疏虞，及因有扰害，必尔罪不宥。”[⑥]最终在天顺二年故沙州卫人又由山东迁居南京地区。

---

① 《明英宗实录》卷四，第95页。

② 《明英宗实录》卷五，第113—114页。

③ 《明英宗实录》卷二九〇，第6197页。

④ 《明宪宗实录》卷四，第110页。

⑤ 《明英宗实录》卷二九二，第6235—6236页。

⑥ 《明英宗实录》卷二九二，第6243—6244页。

（二）明朝对南京“达人”管理的调整

明英宗复辟后，在南直隶大规模调整了官僚机构。天顺元年六月全部更换了南京五军都督府的掌事官员。[①] 此前，南京锦衣卫指挥佥事吕贵声称：“本卫安插达官指挥千百户头目等二百五十八人，虽称归顺，其心难测。且汉人不晓其言语，乞选在京达官内素有名望，谙晓夷语者一员，以抚恤之。”明廷随即指派达官都督佥事高通接替张通前往南京后府理事，“兼抚在彼达官头目人等”。[②] 自正统初年以来，越来越多的边外归附的外族人士被明廷安插在南京锦衣卫，到高通接手管理南京达官头目之前，根据《实录》所作统计，有43个批次的至少135位达官头目被明政府安插在南京锦衣卫。这无疑增加了管理的难度，所以才有新的任命。高通就职之后直至天顺末年仍有13批次，66名达官头目被安插在南京锦衣卫。直到成化年间，明朝才不再将境外归附者安插在南京地区。

天顺二年，沙州卫民众被迁至南直隶后，也归高通管辖。三年，高通请求朝廷令南京太医院为达官治病时，曾提到自己的职责是“奉敕安抚各卫新旧达官头目人等”，[③] 因此高通除了管理南京后府属卫事宜之外，更有监管南直隶各卫达官头目的重任。“新旧”无非指原来安插居住和新近迁调而来的两种情况，沙州卫无疑属于后者。由于原沙州卫部众数量远远高于那些零散归附者，因此给高通的监管带来了很大压力，为此，天顺三年，南京守备等官员上奏朝廷请求加派协助高通管理“夷人”的达官官员。但是，南京的奏章遭到兵部驳斥并受到英宗的“切责”。问题的症结不是地方和中央对于增派管理官员的必要性产生分歧，而是围绕官员推荐权、任

① 《明英宗实录》卷二七九，第5985页。

② 《明英宗实录》卷二八一，第6041—6042页。

③ 《明英宗实录》卷三〇一，第6388页。

命权出现了矛盾。南京地方官员推荐的吴良虽然“老成练达，谙晓夷语”，却最终未获任命“抚夷”，中央仍要求南京方面“于久住达官内会选谙晓夷语，老成谨厚者三四人以闻。”[①] 不过朝廷反复权衡的结果还是从北京调人前往南京协助管理。九月“命京卫带俸都指挥同知廉忠往南京管理新附夷人。”[②] 除了廉忠以外，还有一位“抚管夷人都指挥”韦兴。这一系列措施，尤其是天顺三年后形成的由达官都督佥事和都指挥出任“抚管夷人”要职的制度在客观上保持，乃至强化了明廷对南迁沙州降人的管理。

截至天顺元年，南京锦衣卫见载达官头目数是258人（这里应涵盖了正统前的数字），再加上天顺朝的66人，南京锦衣卫带管达官头目总数324人以上。计入刚刚调入的故沙州部众官舍数量约70名，约占南京锦衣卫达官目舍的1/6。这应是南直隶原沙州卫达官的基本情况。

（三）南京地区沙州降人寻踪

沙州卫部众主体再迁南直隶之后，史料中难寻踪迹。现存残本《南京锦衣卫选簿》中有一鳞半爪的线索：

“天顺八年十二月，猛哥帖木儿，年二岁，达达人。有父鬼力，系南京锦衣卫镇抚司带俸指挥同知，征进两广，杀贼阵亡，例升壹级……

弘治九年七月，赛因孛罗，沙州卫达达人，系南京锦衣卫镇抚安插带俸故达官指挥使猛哥帖木儿嫡长男。”[③]

明代《武职选簿》中都要记载每位武职世袭辈次，脚色名目，获功来历，袭替降绝缘由。上引材料反映出该家系出自沙州卫的“达达人”。初

---

① 《明英宗实录》卷三〇三，第6414页；《明英宗实录》卷三〇五，第6438页。

② 《明英宗实录》卷三〇七，第6461页。

③ 《南京锦衣卫选簿》，见中国第一历史档案馆、辽宁省档案馆编：《中国明朝档案总汇》第73册，桂林：广西师范大学出版社，2001年，第7—8页。

辈名唤鬼力，是南京锦衣卫镇抚司带俸指挥同知，应死于天顺八年前的两广征战中，为此追授指挥使承袭。检《实录》有“命故都指挥佥事苦出帖木儿子瓦失加袭为指挥使，指挥同知锁南子莫罗孩、指挥佥事翁失台子鬼力俱袭职，从本卫都督困即来奏请也。”[①]《选簿》与《实录》中之“鬼力”无疑是一人，早在正统八年已袭职为指挥佥事。沙州降人自山东迁居南京是在天顺二年，那么这个鬼力一定是自山东调职南京锦衣卫的沙州达官。《南京锦衣卫选簿》明确记载沙州达官仅此一家，且在嘉靖年间绝嗣。

另有一疑似沙州达官的记载。先是，附明的沙州卫首领罗秉忠（克罗俄领占）曾跟随陈友征战湖广，大约是在此时，他的带俸卫籍出现了变动——由平山卫改调辰州卫。《实录》载，天顺元年（1457）“赐湖广辰州卫带俸达官左都督克罗俄领占姓名罗秉忠，从其所请也。”[②]该资料几乎不见学者们提及，主要因为《明实录》正文文本在此处存在严重脱漏，须依照《校勘记》恢复原始内容。[③]罗秉忠等人被抽调赴湖广征战的时间是正统十四年，有理由推测其卫籍就在此年被改注为“辰州卫”。政府调整卫籍的目的是准备在其镇压叛乱后就地驻扎镇守。到景泰四年，总兵官保定伯梁瑤奏称克罗俄领占等“今仍留在彼操守”。[④]另，景泰五年，“户部奏：湖广布政司调去征进达官，今该安置于彼。请移文本布政司，令月给米二石养赡其家。从之。”[⑤]可知沙州达官军留居湖广地区至少有5个年头。基于此看《南京锦衣卫选簿》中之“指挥同知宗辅”条，二辈宗失加兀力加下载：“景泰六年二月，宗失加兀力加，年三十二岁，系辰州卫中所故达

① 《明英宗实录》卷一〇一，第2037页。

② 《明英宗实录》卷二八四，第6084页。

③ 参见《明英宗实录卷二百八十四校勘记》，第1040页。

④ 《明英宗实录》卷二三二，第5068页。

⑤ 《明英宗实录》卷二四七，第5350页。

官正千户火脱赤嫡长男。”三辈宗色塔儿下载：“成化元年五月，宗色塔儿，年四岁，山后人，系南京锦衣卫镇抚司带俸达官指挥佥事宗失加兀力加遗腹嫡长男。父于两广杀贼获功一级，例升指挥同知。未升先故。”① 首先，该武职系达官，先于辰州卫带俸，后调南京锦衣卫，与沙州达官军活动轨迹吻合。其次，前三辈武职人名，尤其是二辈、三辈的译名用字特点与包括沙州卫在内的西北“西番”地区惯例相近。笔者认为，该武职出自沙州达官的可能性很大。

查看现存南京各卫《选簿》，没有发现更多沙州达官的证据，甚至连天顺二年由平山、东昌二卫调入的记载也未出现。这一现象与理论上70名沙州达官南迁后必定会出现于南京各卫《选簿》的预期大相径庭，尤其在“达人”数量较多的南京锦衣卫《选簿》也出现如此情况的确难以解释。分析导致巨大反差的原因不外乎以下三点：

第一，沙州达官征伤逃亡数量太大，人数急剧减少，遂无法反映。征伤故绝在明代世袭武职中并不鲜见，军伍失额50%也是正常现象。但即便如此，沙州达官至少也应有约30名出现在南京各卫《选簿》中，这与仅有一例的记载差距过大。很难成为唯一原因。

第二，南京军卫《选簿》并不完整，影响了对沙州达官的记载。南京军卫中，锦衣卫是安插“达人”的主要军卫，这在南北两京是通例。所以锦衣卫中达官数量的高低直接反映了南直隶各卫某一类型达官的存在状况。从《南京锦衣卫选簿》中的孤证来看，沙州达官在锦衣卫中几乎没有踪影，所以南京其他军卫也很难再有更多的沙州达官。

第三，南京地区不是沙州达官的最终居留地，而仅是曾经迁居地。这

① 《南京锦衣卫选簿》，见中国第一历史档案馆、辽宁省档案馆编：《中国明朝档案总汇》第73册，桂林：广西师范大学出版社，2001年，第10页。

是解释南京沙州达官数量稀少的最后原因了。根据现有资料追踪分析，南京沙州达官军出现了“官”与“军”的分离。“达官”“达舍”多数最后离开了南京，驻扎到两广地区。

五、故沙州卫的第四次内迁——两广地区

（一）明中期的两广危机与达官军南征

成化初年，明军用兵两广，再次征调两京达官前往作战。成化二年提督两广军务的都御史韩雍曾上奏：

一查得景泰年间，海宁伯董兴征剿广东反贼黄萧养。事平之后，曾奏留在京达官于广东安插居住，遇警调用。今看得调来随征南京达官都指挥使廉忠所统达官都指挥你里哈荅等四百余名，见在广东地方截杀流贼，俱各弓马熟闲，又肯当先杀贼。今广东地方流贼虽已会兵剿灭，倘后或有生发侵犯。若留达官相兼官军截杀，必至贼徒风闻敛息，免致再劳动调官军征进。况前项达官安插于南京，虚费廪粮，无益于事，合无将都指挥使廉忠并领达官你里哈荅等四百余名俱存留于广东城安插居住。廉忠仍于原带俸衙门带俸，达官都指挥于广东都司带俸，指挥等官于广州前卫带俸。俱着落广东三司等官踏勘空闲土地，起盖房屋，拨与居住。内有家小者，乞敕南京守备官差官拨船，沿途应付行粮下程，起送前来完聚；无家小者，着落三司设法措办官钱，代为聘娶。俱定与则例，按月厚其廪饩，供给下程柴草；冬夏给与绢布、衣服、靴帽，并着落廉忠加意抚治，不许剥削科害。但遇两广地方贼情警急，听调杀贼有功，照例升赏，诚为有益。[①]

两广地方志中涉及达官军迁居当地缘由的解释往往都追溯到这份奏

① 应槚编辑、刘尧诲重修：《苍梧总督军门志》卷二三《奏议一》之《处置地方经久大计疏》，北京：全国图书馆文献缩微复制中心1991年影印本，第245—246页。

折，所以有必要对其内容做一分析。

景泰初年，广东黄萧养（1410—1450）起事。[①] 明廷派军镇压，当时就曾“调南京官军二千，付（董）兴领统之”[②] 开赴广东。事平之后，董兴所部曾在广东就地驻扎，但为时不久，景泰四年董兴所部被取回。[③] 虽然南京军士留居广东不过4年，却形成了南京军因征战移驻广东的模式。景泰间广东驻扎的南京武装既有武官，还包括普通士兵。根据韩雍的说法，留居者以达官为主，这是其特点。

然而另外一条资料显示，景泰四年之后，广东地区仍然驻留有一些达官。天顺元年七月“兵部奏：近有旨，令查云南、广东等处征进达官达军数目。自正统七年至景泰七年共调去一千八百人。上曰：此达官达军多与朝廷効力，始因地方未宁，就留彼处驻扎，听调杀贼。中间亦有不挈家室者，在彼年久，恐致失所，俱仍取回原安插地方，听其休息。沿途有司照例应付，毋得生事扰人。”[④] 首先，“自正统七年至景泰七年共调去一千八百人”的说法表明景泰四年之后，包括广东在内，仍然陆续有达官奉调前来驻守。其次，与翁信奏折中提法相似的是许多达官达军征进之际有“不挈家室者”，有的人已经“娶妻生子”，基本上定居于此。那么，坚持将达官取回原安插地的原因又是什么呢？无非就是“虚费廪给，且生事扰人”，于家室分离日久“恐致失所”。本质上是，征战的局势趋于稳定，地方军政部门试图减少经济和管理的负担。更兼朝中权贵借此拉拢达官，壮大自身政治基础，所以才出现大规模的达官返回原卫的现象。[⑤]

① 参见《明英宗实录》卷一八三，第3584，3607页。

② 《明英宗实录》卷一八六，第3765页。

③ 《明英宗实录》卷二二五，第4897—4898页。

④ 《明英宗实录》卷二八〇，第6012页。

⑤ 参见《明英宗实录》卷二九一，第6216—6217页。

天顺初年，广东再次动乱，明廷仍采用了景泰间调京军镇压的传统措施。天顺五年，南京守备太监怀忠招募“安插夷人”从征，得466人。朝廷指定南京抚管夷人都指挥同知廉忠从征，都指挥韦兴留南京继续“抚管”“夷人”。[①] 除了南京达官军之外，北京方面也征调了和勇为首的在京达官军，两相合计有950余名。[②] 天顺七年，廉忠被升为都指挥使。[③] 那么，韩雍奏折中提到廉忠率领南京达官留驻广州事应在天顺七年之后。实际上，廉忠留驻广东不在天顺年间，而是在成化年间。成化元年（1465）广西侯大狗军已深入广东、江西、湖广等地。广西当地守臣的意见是“自来官军取胜，全藉达军骑射，乞调达军，委都指挥廉忠统领”。[④] 明廷派遣赵辅、和勇、韩雍前往镇压，廉忠则再次随和勇出征[⑤]。成化二年，明廷认为两广战事平息而撤军，留“游击将军右都督和勇统达军留广东驻扎”[⑥]。这即是说最初是由和勇在广东管领达官军。成化三年，明廷设立十二团营坐营官，和勇在效勇营坐营，“和勇所领两广杀贼达官军，令都督佥事廉忠代领杀贼。”[⑦] 随后，廉忠被任命为游击将军，取代了和勇。[⑧] 成化五年，镇守广东太监陈瑄等提出将达官军分班操练。明廷否决了此议，反复讨论的结果是“今既有家业不愿者听，其达军从征，日久艰苦，仍令镇守等官量给官钱赏劳，待贼平之日具闻。”[⑨] 同年八月，以冯昇代替年老有疾的廉

---

① 《明英宗实录》卷三二七，第6735—6736页。
② 《明英宗实录》卷三二七，第6738页。
③ 《明英宗实录》卷三五四，第7088页。
④ 《明宪宗实录》卷一三，第280—282页。
⑤ 《明宪宗实录》卷一四，第317页。
⑥ 《明宪宗实录》卷三一，第613—614页。
⑦ 《明宪宗实录》卷四一，第842页。
⑧ 《明宪宗实录》卷四四，第911页。
⑨ 《明宪宗实录》卷六四，第1301—1302页。

忠。[①] 根据兵部对陈瑄陈奏的意见，在两直隶有家属田产的达官军应该返回驻地，导致两广征进达官军数量下降。所以，成化六年，新任两广总兵官陈锐又请求获得“达官舍余”100名（原请求300余名）随征。[②] 但是上述调往两广的达官军并未真正长期留驻。成化七年（1471）陈瑄上奏要求增调达官军，最终确定由南直隶、浙江、福建抽出200名赴广东安插。[③] 成化十一年两广事态基本平息后，冯昇返京。[④]

整体来看，在京达官迁居两广地区的做法始于景泰年间。天顺至成化初，参与两广战事的两京达官军确曾一度留驻广东。其中来自南京的达官数量有466名，超过了南京锦衣卫达官数的总和，因这里面包含了绝大多数沙州达官是不争的事实。尽管期间出现了多次反复，毕竟从成化二年到八年，经过6年终于将大部分南京达官（包括沙州达官）调入两广军卫。从此，迁居内地的沙州部众内部完成了“官舍”与普通成员的彻底分离。作为沙州集团上层的官舍头目迁居两广，而普通“达军”（或“达民”）则散布于南直隶地区。由于《选簿》仅仅包含试百户以上武职，所以沙州达官再也无法出现在南直隶军卫的《选簿》中了。

（二）留居两广的南直隶达官

两广事平之后，南直隶随征达官就驻扎在广东各地。史称“我朝成化初，巡抚韩襄毅公征剿广西诸蛮洞，断藤峡八寨，及广东高雷等处流贼。奏调达官达军千余名，专命都督佥事一员领之。两广猺獞出入山林，利用镖枪、牌刀诸短兵，不能当骑射。故达军所向辄胜，贼畏之。乃奏留调

① 《明宪宗实录》卷七〇，第1382页。

② 《明宪宗实录》卷七七，第1481页。

③ 《明宪宗实录》卷九七，第1856页。

④ 《明宪宗实录》卷一四一，第2627页。

拨，月给廪饩、下程、柴薪，予冬夏衣帽，子孙亦许承袭。”[①] 南京达官在广东具体分布于广州四卫以及雷州、廉州、神电三卫[②]。广东“达官”的数量据《岭海舆图》称：“见在达官指挥、千百户、镇抚共一百七十一员，总小旗、头目、达舍共七百九十四名。”[③] 但是分别涉及各地达官旗目舍数目时，又出现了矛盾，如广州四卫计376员、肇庆卫德庆所40员、神电卫28员、廉州卫39员、雷州卫35员。其他地方志所载为雷州卫四所21名；[④] 廉州情况不明；神电卫“达官营，在神电卫西。成化八年达人归附，安插于卫，年久故绝。见在达百户一员，有功达舍一名，无功达舍二十四名。”[⑤] 大约26名。很可惜，广东达官主体的广州四卫目前尚无更多的数据。到嘉靖时代，分布于广东各卫所的达官见在仅有285名；[⑥] 从广东最初安排了不少于400人计算，历经成化、弘治、正德，到嘉靖间，失额至少已达28.75%，也就是减少了约三分之一达官数目。再据《德庆州志》所载，德

---

① 戴璟、张岳等纂修：嘉靖《广东通志初稿》卷三四《达舍》，《四库全书存目丛书·史部》第189册，济南：齐鲁书社，1996年，第566页。

② 参见戴璟、张岳等纂修：嘉靖《广东通志初稿》卷三四《各达修房则例》《各达领银事宜》，《四库全书存目丛书·史部》第189册，济南：齐鲁书社，1996年，第567页；欧阳保纂：万历《雷州府志》卷一二《兵防志一》，《日本藏中国罕见地方志丛刊》，北京：书目文献出版社，1990年，第318页。

③ 姚虞：《岭海舆图》，见王云五编：《丛书集成初编》，上海：商务印书馆，1937年，第6页。

④ 欧阳保纂：万历《雷州府志》卷一二《兵防志一·军粮》，《日本藏中国罕见地方志丛刊》，北京：书目文献出版社，1990年，第338页。

⑤ 曹志遇撰：万历《高州府志》卷二《营堡》，《日本藏中国罕见地方志丛刊》，北京：书目文献出版社，1990年，第30页。

⑥ 戴璟、张岳等纂修：嘉靖《广东通志初稿》卷三四《达舍》，《四库全书存目丛书·史部》第189册，济南：齐鲁书社，1996年，第567页。

庆所自成化八年调来安插55名，嘉靖中仅存12名，[①] 失额更高达78%。尽管数据分歧无法弥合，但是广东达官数量持续下降的趋势还是明显的。

两广地区在洪武时期就曾安插过纳哈出的降军。天顺元年明英宗“命兵部凡来降达子回回俱留在京安插。”[②] 但这一命令存在的时间并不长。成化五年广西副总兵右军署都督佥事夏正直接提出“乞后有降虏，及谪戍者俱发广西补役”[③] 的要求。弘治六年（1493），明廷强调“惟达官有犯，押发广西边卫立功。”[④] 广西作为达官谪戍地的规定在正德朝才开始有了变化，“正德元年令，达官犯罪，应调极边卫所者，北方非宜，两广太重，俱编发山东边海等处带俸差操。”[⑤] 然而武宗朝，仍认为“故事，夷人归义者皆送两广安置”，[⑥] 这一传统没有太大的变化。

（三）故沙州卫残众流徙两广辨

在两广安插居住的达官中，虽然从理论上看应该有沙州达官的后裔，但是现存档案与地方志中零星的达官记载中却没有原籍沙州的说法出现。其原因有必要做一分析：

第一，存世两广《武职选簿》的数量很少，而广州四卫、雷州、廉州等重点安插达官的军卫竟付阙如，无法依靠档案材料进行探讨。

第二，史料中安插达官的两广主要卫所相关记录内容有限：一种情况

---

① 陆舜臣纂：嘉靖《德庆州志》卷一三《达舍》，《天一阁藏明代方志选刊续编》第65册，上海：上海书店出版社，1990年，第995页。

② 《明英宗实录》卷二七五，第5853页。

③ 《明宪宗实录》卷七四，第1424页。

④ 李东阳等撰、申时行等重修：《大明会典》卷一一九《兵部二·铨选二·降调》，扬州：广陵书社，2007年，第1722页。

⑤ 李东阳等撰、申时行等重修：《大明会典》卷一一九《兵部二·铨选二·降调》，扬州：广陵书社，2007年，第1721页。

⑥ 《明武宗实录》卷四三，正德三年十月丁丑，第994页。

是根本没有提及原籍问题，如《雷州府志》虽然记载了四家达官指挥使、千百户、镇抚的姓名和承袭，但均未涉及原籍。① 另一种情况是虽著录了原籍，但没有沙州籍，如《廉州府志》中记载的三位达官佟瑛、朵纶、哱啰等人。② 第三种情况是原籍记录发生过变化，如《柳州卫选簿》载指挥佥事闻盛家族的祖先定住之父"原系同纳哈出归附"的达官，但是在其原籍项下却记作"密云县人"③；再如《桂林右卫选簿》载指挥使麻凤家族的祖先是"大都驴，系金山达军，洪武二十年归附"，也将原籍记作"宝坻县人"④。所以，在两广地区的军籍记载中，达官原籍的记载至少是有缺漏、不完整，甚至改动的情形，这样在客观上为追溯两广地区沙州达官原籍明确记录增加了许多障碍。这一点需要强调。

第三，两广达官的确存在数量急剧下降的现象，其原因还可从明朝政策的变化来解释。明武宗即位后，御史王仕昭在"抚安边方三事"中提出"广东达官子孙其材力无异于土人，而支给靴帽、柴薪等银物犹如父祖时，似为太滥。宜查其承袭三辈以后者裁减"，得到武宗肯定。⑤ 对广东达官后裔的裁汰使得见诸方志记载的达官数量极为稀少，自然也很难再看到沙州达官的身影了。

这说明沙州达官历经迁徙、征战之后，与土著居民间的差异越来越

---

① 欧阳保纂：万历《雷州府志》卷一二《兵防志一》，《日本藏中国罕见地方志丛刊》，北京：书目文献出版社，1990年，第331页。

② 张国经纂：崇祯《廉州府志》卷六《附达官》，《日本藏中国罕见地方志丛刊》，北京：书目文献出版社，1990年，第84页。

③ 《柳州卫选簿》，见中国第一历史档案馆、辽宁省档案馆编：《中国明朝档案总汇》第58册，桂林：广西师范大学出版社，2001年，第271—272页。

④ 《桂林右卫选簿》，见中国第一历史档案馆、辽宁省档案馆编：《中国明朝档案总汇》第58册，桂林：广西师范大学出版社，2001年，第123页。

⑤ 《明武宗实录》卷八，第0251页。

小，开始融入当地社会与文化之中。籍属已变得无关紧要，不再引起重视。

六、结语

正统十一年沙州卫集体内迁后，沙州卫故地旋为罕东卫所据。学者立论往往忽视了两者间的明显差异。毕竟在沙州卫内迁后，明朝仍有“沙州卫”的提法，不免混淆视听，从而将明代早期内迁的沙州卫和明代后期由沙州故地内迁的其他边卫混为一谈。实则明人对沙州卫废置问题的认识是清楚的，如《裔乘》中明确指出“其先置后废者曰沙州”，同时还解释说：“是时，喃哥以困瓦剌，率部属二百余户，一千二百三十余人来归。命居之山东平山、东昌二卫，自都督而下给粮及耕地有差，沙州遂废。”① 至于沙州卫名称长期存在的现象，《大明一统志》认为“本朝初置沙州卫，以首领困即来为都督治之。正统中徙其众于内地，但名存而已”②。在成化十五年九月明朝明确于沙州卫故地新立罕东左卫以取代故沙州卫，所以明朝中期以后明人称沙州和裕固族历史传说中的“西至 — 沙州”都是沙州卫故地，准确地讲是罕东左卫。明朝后期，来自沙州地区的少数民族确实被安置在甘州南山一带，成为今天裕固族的族源之一，但是它与早期内迁的沙州卫毫无瓜葛，不可不察。

更重要的是，“土木之变”后，明景帝上台，致力于在北部边疆全面推行防御政策，对内对外的防范意识空前高涨。那些自洪熙朝以后对内附民

① 杨一葵：《裔乘》卷八《玄览堂丛书》初辑三，明万历乙卯刊本，台北：正中书局，1981年，第135、181页。

② 《大明一统志》卷三七，第656页。

族政策怀有不满的声音，通过“土木之变”的严重败局获得了印证，于是舆论环境出现了一边倒的局面。某种程度上，内附“达官军”生存环境的恶化成为不可避免的事实。由于不信任情绪的蔓延，明政府倾向于对外一度关闭招抚的大门，对内倾向于将南迁“达官军”的提议毅然付诸实施。但是，“达官军”的军事价值不仅明朝不能忽视，甚至极为倚重。所以明廷一度陷入选调“达官军”南征的现实抉择和充斥着“降夷”的怀疑情绪的两难境地之中，呈现出明代景帝朝内附民族与政府关系的特殊景观。

15世纪漠北政治力量再度复兴与明朝立国近百年来国势转弱形成的对比，地处两大政权夹缝中的塞外各卫压力空前增加，于是在两个层面构成了沙州卫的生存困境：“土木之变”前南北争夺中的撕裂困境和明朝军事空前失败后的疑忌困境。屡次内迁成为摆脱困境的实现途径。明朝政府无疑是内迁的主导性因素，但必须指出沙州卫官兵民众自身在配合明朝政策变化中起到了关键作用。虽然政治环境常有剧烈变化，但它毕竟在相当程度上坚定了明政府对内迁民族的总体认识，维系了抚置政策的传统。

在此背景下，原沙州卫部众在内地迭经辗转，最终经南直隶留居两广。达官迁居两广之后，处于汉文化优势包围中，自身民族特点逐渐消失。到明朝末年，他们中的大部分转化为汉族。

最后，从史料使用的角度看，明代武职档案资料在张鸿翔先生之后长期未能引起治民族史学者的足够重视，因此尚未被真正利用，其史料价值也没有凸现出来。新刊《武职选簿》中确有涉及内迁故沙州卫人员活动的内容。与《实录》相参证，获益良多，亦有助于深入分析沙州卫内迁史实的探讨。

商和西周在陇右的经略及其考古学观察

杜娟
（西北民族大学历史文化学院，甘肃兰州）

摘　要：早在齐家文化时期，陇山以西地区就开始和关中、中原地区发生交往。商代晚期，一支嬴姓商人西越陇山，在牛头河流域和西汉水上游地区建立了具有文化飞地性质的殖民聚落。周人立国后，将陇山以西的国土称为“西垂”，并在此大力经营。

关键词：齐家时期；陇右与中原的交往；嬴族；西垂；秦地；西地

陇山地处陕、甘、宁三省区交界处，地势十分险峻，长约240公里，大致呈南北走向，既是陕北黄土高原和陇西黄土高原的界山，又是泾河与渭河的分水岭。

早在齐家文化时期，先民们就打通了这道东西交通的屏障，陇山以西地区开始和关中、中原地区进行交往。商代，武丁、祖甲连续对西戎用兵，迫使其屈服后，派遣了一支嬴姓商人西越陇山，在牛头河流域和西汉水上游地区建立了具有文化飞地性质的殖民聚落。武王克商立周后，陇山以西的嬴姓商人归附了周，周人兵不血刃地接管了商在陇山以西的土地，并沿渭河继续西进，这部分地区后来被周人称为“西垂”。

一、齐家时期陇右与中原的交往

至迟在齐家文化时期，先民们已成功找到了翻越陇山的地理通道，并大规模东进，占据了陇山以东的庆阳、平凉地区（即陇东地区），控制了进入关中地区的门户。除此之外，齐家文化的触角还深入到了关中西部地区。

近年来，通过考古调查和发掘，我们认为，齐家文化在关中西隅、陇东地区的分布呈现连续、密集而又单纯的特点，发现了一系列重要遗址，如陇县川口河遗址①、华亭县陶家塬遗址②、崇信县梁坡遗址③、灵台县西屯乡东湾村二家山遗址、泾川县党原乡徐家堡子坡遗址④、宁县盘山遗址、正宁县榆田峁遗址⑤等。一望而知，齐家文化与客省庄二期文化在关中的西部、西北部地区呈现出毗邻、对峙的地理态势，存在密切的地缘关系。

陇山交通路线的开辟、齐家文化与客省庄二期文化在地域上的毗邻，为陇右地区与中原地区的交往创造了客观条件，反映在考古证据上，表现为齐家文化和二里头文化中均出现了对方的典型文化因素。

二里头文化中发现了不少齐家文化因素，陶器主要包括花边口圆腹罐、单耳罐、双耳罐等。除陶器外，还包含少量青铜文化因素，如柄部有

① 尹盛平:《陕西陇县川口河齐家文化陶器》，载《考古与文物》，1987年第5期。

② 国家文物局主编:《中国文物地图集·甘肃分册》，北京：测绘出版社，2011年。

③ 陶荣:《甘肃崇信古文化遗址调查》，载《考古》，1995年第1期。

④ 甘肃省文物局编:《甘肃省第三次全国文物普查重要新发现》，西安：三秦出版社，2011年。

⑤ 国家文物局主编:《中国文物地图集·甘肃分册》，北京：测绘出版社，2011年。

镂孔纹饰的环首铜刀、被称为“铜戚”的宽刃厚长体战斧，这些器类在中原地区找不到更早的传统。[①] 环首刀为典型的北方青铜器，在中原地区最早出现于二里头文化三期，综合目前发现的北方地带夏代环首刀，从形制方面看，中原环首刀来源于齐家文化的可能性更大一些。[②] 如1980年出土于二里头遗址的环首刀（ⅢM2：3），弧背，尖部略上扬，刀柄弯曲，窄于刀身，上部与刀身平齐，与采集于康乐县商罐地遗址的齐家文化环首刀形制几乎一致。[③] 而且，二里头文化新出现的青铜容器，也可能是在受到西北乃至中亚地区青铜文化因素的影响下才根据相应陶器的形制创制出来的，如有学者推测中原铜器制作技术很可能是通过史前时期的“丝绸之路”[④] 进入中国的。[⑤]

在甘青地区的齐家文化中，也可见到一些二里头文化因素，如甘肃天水出土的象鼻陶盉、镶嵌绿松石的兽面纹铜牌饰，甘肃临夏出土的陶盉等，[⑥] 都与二里头文化的同类器物近似。

观察分析二者交流的文化因素，二里头文化吸收的是主要是工具和生

---

① 井中伟、王立新：《夏商周考古学》，北京：科学出版社，2013年。林沄：《早期北方系青铜器的几个年代问题》，见内蒙古文物考古研究所编，李逸友、魏坚主编：《内蒙古文物考古文集（第1辑）》，北京：中国大百科全书出版社，1994年。

② 韩金秋：《夏商西周中原的北方系青铜器研究》，上海：上海古籍出版社，2015年，第17页。

③ 李水城：《西北与中原早期冶铜业的区域特征及交互作用》，载《考古学报》，2005年第3期，第241页。

④ 从考古发现看，旧石器时代晚期东西文化就有了接触，经历了新石器时代、青铜时代和早期铁器时代的发展，这种交流互动愈来愈频繁密切。近年来不少研究者提出，张骞出使西域前的东西文化交流为丝绸之路的开辟奠定了基础，有学者称其为“史前丝绸之路”。

⑤ 安志敏：《试论中国的早期铜器》，载《考古》，1993年第12期。

⑥ 甘肃省博物馆编：《丝绸之路・甘肃文化精华》图29，北京：文物出版社，1987年。邹衡：《论菏泽（曹州）地区的岳石文化》注26，见文物出版社编辑部：《文物与考古论集》，北京：文物出版社，1986年。

活用器，而齐家文化吸收的是具有礼器性质的器类，这或许反映出齐家先民对于中原礼制文明的倾慕。

二、商人在陇右的殖民

商汤灭夏以后，商人挥师西进，全覆盖式占领了关中东部地区，取代了以二里头文化为代表的夏势力在关中东部的统治地位。二里岗上层时期，又继续向西扩展，把势力范围扩张到扶风、岐山地区，形成了京当型商文化。

商代晚期，商王针对西戎连续用兵，历经两世，迫使其臣服。武丁时期，四处征战、开疆拓土，“征西戎、鬼方，三年乃克”①。祖甲在位时期，“十二年，征西戎。冬，王返自西戎。十三年，西戎来宾”②。商周时期，西戎是对活动于西地（西汉水上游地区，今礼县、西和县一带）的戎族的特指。③故自祖甲以后，西汉水上游地区已臣服于商国，为加强对这一地区的控制，商王派遣了一支以戎胥轩为首的嬴族人到此，面对险恶的生存环境，戎胥轩娶姜姓骊山女为妻，利用通婚与姜姓土著结成同盟。最终，从东而来的嬴姓人在西汉水上游地区扎下了根，并不断发展壮大。在西汉水上游地区，也发现了典型商文物的存在，如礼县西山遗址出土的亚父辛鼎和直内弧刃戚。④

目前来看，在关中地区，商文化的连片分布区向西不过周原—壹家

---

① 《后汉书·西羌传》卷七十七，第2870页。

② 王国维:《古本竹书纪年辑校·今本竹书纪年疏证》，沈阳：辽宁教育出版社，1997年。

③ 吴伟:《试论春秋以前西戎为西地之戎》，载《西北民族大学学报（哲学社会科学版）》，2015年第4期。

④ 礼县博物馆、礼县秦西垂文化研究会:《秦西垂陵区》，北京：文物出版社，2004年。

堡一线，[1] 但点的分布已延及宝鸡地区，甚至越过了陇山，到达了甘肃东部地区，这些点具有商文化“飞地”的性质。“殷墟各个阶段的商式鬲标本，几乎在清水都可见到”，“当时有一支商人千里迢迢地来到了牛头河流域，并定居下来，保持着其母族文化的鲜明特点，一直到商末周初乃至更晚”。[2]

结合文献记载和考古材料，我们认为，至迟在商代晚期，商人已沿陇关道越过陇山，通过军事手段征服了西戎，并派遣嬴姓商人远赴陇右，在牛头河流域和西汉水上游地区建立了聚落。

三、西垂：周人的西部边疆

西周早期文化遗存在陇山以西地区有着比较广泛地分布，如清水县李崖遗址、永清堡遗址、祝英台遗址出土有西周早期陶器，[3] 礼县博物馆也收藏有出土于本地的西周早期的乳丁纹簋、兽面纹鬲和短胡戈，[4] 这表明，武王克商建国后，周人的势力很快便接管了商人在陇右的势力范围，文献中对此也有描述，“中潏以亲故归周，保西垂”[5]。原本替商国守土的嬴族中潏因为与姜姓申国的姻亲关系，投靠了周人，完成了政治身份的转变，成为周王臣，这点在考古材料上也有反映。2010年，在清水县白土崖古城外的

① 张天恩：《关中商代文化研究》，北京：文物出版社，2004年。

② 毛瑞林、梁云、南宝生：《甘肃清水县的商周时期文物》，载《中国历史文物》，2006年第5期。

③ 毛瑞林、梁云、南宝生：《甘肃清水县的商周时期文物》，载《中国历史文物》，2006年第5期。刘家兴：《甘肃清水李崖遗址考古发掘及相关问题探析》，载《丝绸之路》，2014年第24期。

④ 礼县博物馆、礼县秦西垂文化研究会：《秦西垂陵区》，北京：文物出版社，2004年。

⑤ 《史记·秦本纪》，北京：中华书局点校本，2013年，第177页。

一级台地上发现了三座西周时期的陶器墓，陶器组合为鬲、簋、盆、罐，部分陶器具有明显的商式风格。①

这样一来，周部分地区采用政治手段接收了商人在陇右的国土，并统称为西垂，金文中称为“西俞”②。西垂是泛称，泛指周在陇山以西的国土，从文献和金文来看，至少包含了秦和西两个地方。

秦字初义当为一种可作佳酿的谷类作物，后来被用作地名，与该地出产这类谷物有关。③ 西周初期的冉方鼎（集成2739）铭曰：“戊辰，酓秦酓。公赏冉贝百朋，用作尊鼎。”酓通饮，第二酓字指酒浆，秦酓即秦地出产的清酒④。

《括地志》载：“秦州清水县，本名秦，嬴姓邑。”由此看来，秦地大致相当于牛头河流域，即张家川回族自治县和清水县的大部分地区。2005年和2008年，早期秦文化联合考古队对牛头河流域进行了系统调查，发现各类遗址117处，含周代遗存的遗址31处，从清水县白沙乡至红堡乡的牛头河干流中游两岸分布最密集，达13处之多，是该流域周代文化最发达的区域，其次是后川河流经的清水县黄门镇一带，有6处。⑤ 纵观周文化遗存的分布，东依陇山，西到张家川县和清水县西部，向北不过川北河 — 清水河一线。清水河古称略阳川水，发源于陇山，自东向西流经略阳川，最

① 早期秦文化联合考古队：《甘肃清水李崖遗址考古发掘获重大突破》，载《中国文物报》，2012年1月20日。

② 不见其簋铭文。

③ 祝中熹：《地域名“秦”说略》，见秦始皇兵马俑博物馆《论丛》编委会：《秦文化论丛》（第七辑），西安：西北大学出版社，1999年。祝中熹：《地域名“秦”说略》，见祝中熹：《秦史求知录》，上海：上海古籍出版社，2012年。

④ 陈梦家：《西周铜器断代》，北京：中华书局，2004年。唐兰：《西周青铜器铭文分代史征》，北京：中华书局，1986年。

⑤ 早期秦文化联合考古队：《牛头河流域考古调查》，载《中国历史文物》，2010年第3期。

后注入葫芦河。[①] 虢季子白盘中所言的“薄伐猃狁于洛之阳”，应指的就是略阳川水。牛头河流域的周文化遗址在分布上以李崖遗址为中心，近年来的考古发现这里就是非子封邑所在。周孝王时期，因非子牧马有功，被分封在了秦地，号称秦嬴。

西作为地名，大致相当于西汉水上游地区。西周早期的小臣逋鼎（集成2581）铭曰：“小臣逋即事于西，休。仲赐逋鼎，扬仲皇，作宝。”小臣逋出使西地，受到赏赐作器。[②] 周厉王时期的不其簋（集成4328）铭曰：“驭方猃狁广伐西俞，王令我羞追于西。”猃狁大规模进犯西垂地区，王命令我在西地进击，第二个西不当方位词，而是具体地名，同样的词例见于多友鼎铭“武公命多友率公车，羞追于京师”。湖南博物馆藏秦昭王廿年相邦冉戈铭曰：“廿年相邦冉造，西工师□，丞□，隶臣□。”[③] 秦封泥中有“西共丞印”“西丞之印”[④]，陶文中有“西道”“西处”等，表明秦至迟在秦昭王时期，曾设立西道，《汉书·百官公卿表》言“县有蛮夷曰道”，因西戎活跃于此，故设西道，汉代加以沿袭，设置西县，出土于此地的秦公簋在汉代被用作了量器，其上刻铭“西，一斗七升大半升”，即是明证。

20世纪40年代，裴文中先生到渭河上游进行考古调查，曾到过这里，发现了石沟坪遗址。[⑤] 1958年9—11月，甘肃省博物馆对西汉水上游进行

---

① 陈桥驿：《水经注校证》，北京：中华书局，2013年。

② 中国社会科学院考古研究所：《殷周金文集成释文》，香港：香港中文大学出版社，2000年。

③ 李学勤：《湖南战国兵器铭文选释》，见中国古文字研究会、中华书局编辑部：《古文字研究》，第十二辑，北京：中华书局，1985年。□表示此处古文不识，无法隶定，故用□代替。

④ 刘庆柱、李毓芳：《西安相家巷遗址秦封泥考略》，载《考古学报》，2001年第4期。

⑤ 裴文中：《甘肃史前考古报告》，见裴文中：《裴文中史前考古学论文集》，北京：文物出版社，1987年。

了考古调查，发现周代遗址14处。[①] 2004年3月28日至4月20日，早期秦文化联合考古队对西汉水上游东起天水市天水乡、西至礼县江口乡60余公里的干流两岸及其支流进行了系统调查，发现周秦文化遗址38处。把寺洼文化和周秦文化的遗址点结合起来观察，会发现两者在分布上有一定的规律性：从天水乡至石桥乡，根据西汉水川道的宽窄，可将干流分成三个大的“葫芦形”地段：东段为盐官镇至大堡子，中段为大堡子至石沟坪，西（或南）段为石沟坪至峡口。大堡子山 — 赵坪一线以东为比较单纯的周秦文化遗址，雷神庙 — 石沟坪一线以南主要分布着寺洼文化的遗址，二者之间的区域，两种文化交错分布[②]。周秦文化遗址的分布表明西地的范围大致位于西汉水及其支流一带，向南不超过雷神庙 — 石沟坪遗址一线。

位于礼县县城以西、西汉水北岸的西山遗址，是该区周文化分布的三个中心之一。2005年的发掘，发现了使用于两周之际的城址，该区最早的三鼎两簋铜器墓，高规格的大型建筑F301，建筑于大型夯土台基上，墙基下埋设有陶水管道。[③] 一系列重要的考古发现，表明这里很有可能就是犬丘邑。

除继续经营秦和西地外，周人势力范围沿渭河谷地大大向西推进了。通过考古调查得知，周文化的遗址在西起陇西县、东到麦积区的渭河两岸

① 甘肃省博物馆：《甘肃西汉水流域考古调查简报》，载《考古》，1959年第3期。

② 早期秦文化联合考古队：《西汉水上游周代遗址考古调查简报》，载《考古与文物》，2004年第6期。甘肃省文物考古研究所：《西汉水上游考古调查报告》，北京：文物出版社，2008年。

③ 赵丛苍、王志友、侯红伟：《甘肃礼县西山遗址发掘取得重要收获》，载《中国文物报》，2008年4月4日。

呈连续、密集分布状态。[①] 其中，已发现的最西端的周文化遗址是位于陇西县城西郊的西河滩遗址，该遗址在1957年开展的渭河上游文物普查工作中被认定为周代遗址。1965—1966年经过发掘，确认有西周文化遗存。清理16座西周墓，随葬陶器与关中地区的西周墓相同。[②] 规模最大、内涵最丰富的遗址，当属位于甘谷县以西25公里的毛家坪遗址，处于渭河南岸的第二级阶地上，面积超过60万平方米，1982、1983年，甘肃省文物工作队、北京大学考古系在此进行了两次发掘，2012—2014年，早期秦文化联合考古队进行了全面勘探、发掘，共勘探出墓葬1000多座，发掘199座墓葬、752个灰坑、车马坑5座，累计发掘面积达4000平方米。[③] 考古材料表明，周人立国后，即开始溯渭河西进，将从陇西县到麦积区间的渭河谷地纳入周人版图，像楔子一样插入寺洼文化分布区。

四、结语

通过梳理考古材料，我们发现，至迟齐家文化时期，陇山东西两侧

① 历年考古调查发现的周文化遗址有：陇西县西河滩遗址，武山县红堡坡遗址、孟家庄遗址、干扎遗址、年坪遗址、寺洼遗址、石巷口遗址、南坪遗址、铁笼山遗址、范家山遗址、康家沟遗址、下湾遗址、樊家庄遗址、崖坪里遗址、下康遗址、张家坪—西堡子遗址、坟坪里遗址、石坪村遗址、西旱坪遗址、聂家坪遗址、大坪里遗址、杜家楞遗址，甘谷县毛家坪遗址、边下坬遗址，麦积区罗家村遗址、董家坪遗址、汝季村遗址、花牛遗址、马跑泉遗址，秦州区杨集寨遗址、师赵村遗址、山坪里遗址、樊家城遗址等。

② 甘肃省文物管理委员会:《甘肃渭河上游渭源、陇西、武山三县考古调查》，载《考古通讯》，1958年第7期。甘肃省博物馆:《甘肃省文物考古工作三十年》，见文物编辑委员会编:《文物考古工作三十年》，北京：文物出版社，1979年。赵化成:《甘肃东部秦和羌戎文化的考古学探索》，见俞伟超主编:《考古类型学的理论与实践》，北京：文物出版社，1989年。

③ 侯红伟:《2014年甘谷毛家坪遗址发掘丰富了周代秦文化内涵》，载《中国文物报》，2014年11月14日。梁云:《秦文化重要遗址甘谷毛家坪》，载《大众考古》，2013年第5期。

就存在着密切的文化交流，中原夏王朝的礼制已经开始渗透、波及这一地区。商代晚期，一支嬴族人来到陇右地区，并定居下来，担负起为商国守土的责任，后世蜚廉、恶来都曾效力于商王纣，与周人为敌。武王克商后，陇右的嬴族因与姜姓申国的姻亲关系，归顺了周人，在商土的基础上，周人继续沿渭河谷地向西挺进，陇山以西的部分，周人称之为西垂。

西周末年，申侯联合西戎、犬戎攻灭周王室，平王东迁洛邑，秦嬴逐渐在与戎族的斗争中壮大起来，不断开疆拓土。秦昭王时期，将陇山以西的领土设为了陇西郡。两汉之际，陇右之名应运而生，大体指陇山以西、黄河以东的地区。[①]

① 宋翔:《汉魏南北朝时期“河陇”政治地理之演变——以“陇右”观念为中心》，载《暨南学报（哲学社会科学版）》，2017年第5期。

抗战时期毛泽东农业“组织起来”工作思路述论*

梁琚牵　耿磊

（西北民族大学，甘肃兰州）

摘　要：相较《经济问题与财政问题》中强调组织劳动互助社为主，毛泽东在《组织起来》提倡劳动互助组织要以民众自愿参加为原则，不仅糅合苏区模式和民间旧有互助模式，而且将集体生产提升为未来乡村发展新模式。该思路的形成更多是出于壮大边区经济实力、应对国民党军事威胁之需要。毛泽东既强调尊重民间习俗、发挥基层组织优势和坚持群众路线为核心，又要求党员干部破除官僚主义工作作风，切实领导和推进乡村经济发展。梳理毛泽东农业“组织起来”工作思路，在深入理解抗战时期中共乡村建设理念的基础上，对现今乡村振兴战略的实施亦具有历史借鉴意义。

关键词：毛泽东；劳动互助；组织起来；乡村振兴

肩负“为人民谋幸福”的历史使命，中国共产党在革命战争期间，除解决农民土地这一核心经济问题外，还努力领导农民发展乡村经济。就如

* 本文系2017年度国家民委教改项目（编号：17034）成果之一。

何复兴乡村经济，毛泽东曾强调“合作社，特别是消费、贩卖、信用三种合作社，确是农民所需要的”[①]。以构建合作社来解决乡村金融、贸易等问题。到抗战时期，为促进边区农业经济的发展，毛泽东在陕甘宁边区劳动英雄大会上做了《组织起来》的报告，系统提出发展乡村经济的思路，其对日后革命及中华人民共和国成立初期的农业经济发展均产生深远影响，亦成为后世研究抗战时期中共农业问题的重要题材。如有研究者曾分析《组织起来》的思想来源、内涵及历史成效[②]，为我们理解和认识《组织起来》提供一些借鉴，但仍存有相应的学术提升空间。

如当前研究很少结合《经济问题与财政问题》、边区所面临的整体革命形势等因素系统爬梳毛泽东“组织起来”思路的形成过程。换言之，我们将毛泽东“组织起来”归置于1943年边区所面临的经济、军事等形势，并结合毛泽东就农业组织生产的前后理念，或许会有新的收获。另外，针对十九大提出把解决好“三农”问题作为全党工作重中之重，如何从历史汲取有效经验、服务当今乡村振兴，理应成为党史研究者努力的方向。鉴于此，本文以毛泽东《组织起来》为考察中心，结合《解放日报》、西北局文件以及到访延安的外国记者所述等文献，尝试就上述问题进行分析，以期在展示抗战时期中共领导乡村农业发展的基础上，总结抗日根据地乡村建设之历史经验。

---

① 毛泽东:《湖南农民运动考察报告》(1927年3月)，见毛泽东:《毛泽东选集》第1卷，北京：人民出版社，1991年，第40页。

② 陈丽芳:《延安时期毛泽东“组织起来”思想探析》，载《北京党史》，2011年第4期。

一、思路的形成

中央红军到达陕北后，继续沿用江西苏区时期的劳动互助模式，在边区组织劳动互助社、义务耕田队等倡导农业集体生产，但由于组织方式、动员工作等存在问题，导致在民众看来，这些组织属于“政府为了动员义务劳动”，所以宁愿自发组织起民间原有变工、扎工，而不愿意参与①，甚至提出“须要取消”政府组织的劳动互助②，形成劳动互助社等面临不被民众所接受之“尴尬”局面。伴随边区经济困难的增加，为切实发展农业经济，中共西北局及边区政府对农业劳动互助组织方式进行了探索③，逐渐注重和利用变工等民间旧有互助形式来加强乡村民众集体生产。

为强化劳动力问题在农业增产中的作用，1942年，在西北局高级干部会议上，毛泽东做了《经济问题与财政问题》的报告，在肯定延安县利用变工、扎工组织民众集体生产的基础上，指出乡村旧时存在着民众农忙时进行劳力、耕牛及农具方面的互相帮助，“这个办法叫作劳动互助，从前江西苏区普遍实行的劳动互助社或耕田队，就是用这个办法组织起来的”，“此种办法是完全有益无害的，我们应大大提倡。边区有些地方已经实行的变工，就是这种办法。各县应以大力组织劳动互助社，大大地发展农民的集体劳动”，而对于乡村存在的扎工，“也为边区农民所欢迎，其法不是劳动互助……亦能调剂劳动力。各地对外来扎工应予以帮助”。“其中特

① 中共西北局研究室：《边区的劳动互助》（1944年），见陕西省档案馆等编：《抗日战争时期陕甘宁边区财政经济史料摘编》（第7编），西安：陕西人民出版社，1981年，第24页。

② 《边区建设厅农村劳动组织调查材料》，庆阳市档案馆藏陕甘宁边区政府卷，档案号：23-530。

③ 参见耿磊：《探索中的转型：1941—1942年陕甘宁边区的农业劳动互助》，载《党史研究与教学》，2014年第2期。

别是劳动互助社的办法最为重要，应在全边区普遍实行起来。”[①]

在毛泽东看来，边区民间传统存在的变工、扎工，与苏区时期政府组织的劳动互助社、义务耕田队，本质上同属调剂劳动力的方式，即解决个体农业生产资源不足，不同的只是名称而已。毛泽东的解释相当程度上缓解了劳动互助社等政府组织与民间旧有组织之间的冲突。但即便如此，毛泽东在报告中，要求各地政府对劳动互助社、变工、扎工等互助组织的利用程度有所不同：劳动互助社“应以大力组织”；“变工”要“大大提倡”；外来的“扎工”则“应予以帮助”。也就是说，虽强调这几种组织调剂劳力的同质性，且注意延安县利用民间旧有组织的生产成绩，但此时毛泽东仍倾向于政府沿用苏区时期组建的劳动互助社，认为在各种劳动力调剂方式中“最为重要”，各地要“大力”推动发展。从政府工作的延续性层面而言，毛泽东这种阐释是可以理解的。

但在1943年《组织起来》一文中，毛泽东列举当前边区乡村存在的农业互助组织：变工队、扎工队、劳动互助社、耕田队、互助社，不过此时强调“无论叫什么名称，无论每一单位的人数是几个人的，几十个人的，几百个人的，又无论单是由全劳动力组成的，或有半劳动力参加的，又无论实行互助的是人力、畜力、工具，或者在农忙时竟至集体吃饭住宿，也无论是临时型的，还是永久性的，总之，只要是群众自愿参加（决不能强迫）的集体互助组织，就是好的。这种集体互助的办法是群众自己发明出来的。从前我们在江西综合了群众的经验，这次我们在陕北又综合了这样的经验”，并要求“在华北华中各抗日根据地内，都应该在群众自愿的基

① 毛泽东：《经济问题与财政问题》（1942年12月），见毛泽东：《毛泽东选集》第5卷，沈阳：东北书店，1948年，第771—773页。

础上，广泛组织这种集体互助的生产合作社”[①]。

相对于1942年的解释，毛泽东这次阐释具有很强的实用主义色彩。

首先，进一步避开了政府组织劳动互助等与民间旧有互助的差异，在调剂劳动力层面，将二者等同起来。其次，组织方式方面，毛泽东不再强调劳动互助社“最为重要”，而是在农民自愿原则的基础上，不讲组织名称、组织规模及互助内容，只要“组织起来”生产即可。再者，由于此次解释是面对很多来自乡村的劳动英雄，毛泽东则强调以往政府组织的劳动互助社等，也是江西时期综合了乡村的实际生产经验，现如今所提倡的变工、扎工等集体互助组织，更是综合了边区的民间经验，凸显当前农业劳动互助是“群众自己发明的”。最后，毛泽东要求不仅仅是陕甘宁边区，包括华北、华中抗日根据地在内，都要将民众“组织起来”集体互助生产。这便是抗战时期毛泽东农业“组织起来”、进行集体生产的核心思路。

这里就产生一个问题：短短不到一年时间，毛泽东便由原来劳动互助社“最为重要”转变为“只要群众自愿参加”“就是好的”，是什么因素促使毛泽东农业互助思路的转变呢?

二、思路转变的促成因素

据胡乔木的理解，“人民群众的成功的实践经验，使毛主席的认识进一步深化”[②]。也就是说，经过1942年毛泽东的倡导，边区劳动互助蓬勃发展，组织经验的丰富促使毛泽东“组织起来”思路的完善。也有研究认为

---

① 毛泽东:《组织起来》，载《解放日报》，1943年12月2日第1版。

② 胡乔木:《胡乔木回忆毛泽东》，北京：人民出版社，1994年，第246页。

边区的财政经济困难促进毛泽东互助合作思想进一步发展[1]。这些解释并不无道理，但据目前掌握的材料来看，1943年国民党拟军事闪击延安，亦是促使毛泽东思路转变的重要因素。

1943年7月，胡宗南准备军事闪击延安，掀起国民党第三次反共浪潮。为应对国民党的军事威胁，中共中央一改皖南事变后的“和国”政策，从政治宣传、军事准备两方面进行反击。由于中共努力，加上国际因素的制约，国民党第三次反共浪潮被打退。相对以往国共关系的紧张，这次事件之后，促使中共“党内就大体上肃清了对国民党的幻想”“树立了要放手动员人民群众，壮大人民力量”[2]。直接影响到毛泽东对边区未来发展的重新考量，即设法整合内部资源、提升边区整体实力，应对日后国民党的军事威胁。

10月，在西北高干会上，毛泽东指出：“这次高干会与上次高干会不同的，就是准备打仗的问题。我们反对破裂，反对内战，但投降派煽起破裂，就要有办法对付。”强调当前各根据地最中心的任务，即对敌斗争、发展生产、整顿三风和审查干部。其中在发展生产方面，毛泽东特别要求解决劳动力问题：“经过土地革命和减租减息的农民劳动如果不从个体劳动转到集体劳动，则生产力还不能进一步发展。如果全体人民的劳动都组织在集体互助劳动之中，则全边区一千四百万亩耕地的收获要增加一倍以上。这个方法将来可行之全国，将来中国的经济史上要大书特书的。”强调包括劳动互助在内的农业合作“性质基本是一个群众观点，要想到群众。

---

① 冯越等：《抗战时期毛泽东农业互助合作思想之考察》，载《中国矿业大学学报（社会科学版）》，2006年第4期。

② 毛泽东：《在中国共产党第七次全国代表大会上的口头政治报告》（1945年4月24日），见中共中央文献研究室等编：《建党以来重要文献选编（1921—1949）》，北京：中央文献出版社，2011年，第207页。

群众观点是我们与国民党的根本区别，是共产党员革命的出发点与归宿，从群众中来，到群众中去，想问题从群众出发就好办”①。

毛泽东这个报告中有几个关键词值得我们注意："打仗""增加""区别"。首先，"打仗"反映出这次会议主题与上次不同。1942年西北高干会议的中心议题是"发展经济、保障供给"，而这次则是集中讨论如何整合自身力量来应对国民党的军事威胁，而且针对国民党的"煽起破裂"，中共及边区政府要设法"对付"。其次，"增加"说明实现农业"组织起来"来增加农业收入、增强边区经济实力，而且这种集体劳动的方式，势必伴随革命形势的发展而扩大影响范围，成为未来乡村经济发展的新方向。再者，"区别"则表现在以"组织起来"形成的中共乡村经济合作模式，不仅在发展乡村经济基础上保障革命的继续，而且彰显中国共产党与国民党存在本质的不同，即中共政权能切实从民众需要出发，乡村工作始终围绕着解决民众问题而展开，这既是中共乡村工作的出发点，也是中共革命的终极目的。由此可看出，毛泽东对农业"组织起来"的期望，不仅是充实边区农业经济实力，更是未来中共领导下乡村社会经济发展的新模式。

这就解释了为何毛泽东在《组织起来》中强调"我们有打仗的军队，又有劳动的军队"，这样"我们就可以克服困难，把日本帝国主义打垮"，而且"组织起来""是人民群众得到解放的必由之路，由穷苦变富裕的必由之路，也是抗战胜利的必由之路。"② 因为在毛泽东看来，军事上的"组织起来"可以有效充实边区的军事防卫实力，而农业"组织起来"在促使群众生活富裕起来的基础上，充实边区经济实力，从而为克服包括应对国

① 中共中央文献研究室:《毛泽东年谱》(中卷)，北京：中央文献出版社，2013年，第475—476页。

② 毛泽东:《组织起来》，载《解放日报》，1943年12月2日第1版。

民党军事威胁在内的“困难”、赢得抗战的全面胜利奠定坚实基础。这是国民党军事进攻影响下边区确立以农业“组织起来”为中心的经济发展思路之映照。

三、农业“组织起来”之成功

纵观1943年后边区农业劳动互助的发展，相较之前有了很大的成效，最为直观的是民众参与度有了很大提高。如米脂县印斗区群众议论“原初说要组织变工，有些人还是高低有些难意，还半天家盘算着吃亏不吃亏，尔格你要拆也拆不散了（经验介绍），而且还要更往美气里变呢”[①]；曾在吴家枣园进行过变工的农民反映“这里的生活美呢，秋收以后，我们要回家去多找些人来，我们那里，地不够，虽然已经减了租，可是还有地主。我们比这里的老百姓穷，但可不像以前国民党统治时那样坏。那时候村长和军队要什么，我们就得给什么，不给，就打你。还有税，什么东西都要抽税。但是现在政府帮助我们啦”[②]。民众之所以此时会对劳动互助表现出强烈的积极性，更多在于劳动互助与当时边区乡村社会的有效互动，这也恰是毛泽东“组织起来”所强调的。

其一，民间旧有习俗得以尊重。如前文所述，毛泽东在《组织起来》中强调变工队等融合借鉴了乡村旧有经验，尤其是组织形式。但内容上充分体现出中共改造乡村社会的理念。那么，诚如1944年访问延安的外国记者斯坦因所观察：变工队是“共产党从年老的农民那里学到了这个，把它

① 中共米脂县委：《米脂县一九四四年春耕变工总结报告》（1944年5月14日），见陕西省档案馆等编：《抗日战争时期陕甘宁边区财政经济史料摘编》（第2编），西安：陕西人民出版社，1981年，第512页。

② 斯坦因著：《红色中国的挑战》，李凤鸣译，北京：新华出版社，1987年，第72页。

精制了一下，配上许多宣传的东西，再交还了农民”，而农民“以新的方式来实行古老的办法，都很高兴”，“觉得这是他们自己的办法，不是上面叫我们做的”[①]。以民众所熟悉的形式来开展劳动互助，而且组织过程中秉持民众自愿原则，从而避免民众产生“上面叫我们做的”“义务动员”等情绪，劳动互助的群众基础得以构建。

其二，发挥基层组织优势。就乡村农业“组织起来”的实现，毛泽东要求劳动英雄等“领导人民，领导群众，把工作做得更好”[②]。在劳动互助组建过程中，充分发挥劳动英雄、党员干部的模范带头作用，既是乡村工作的需要，也是当时组织的要求。任弼时曾指出，乡村变工队队长须“富有生产经验与劳动热忱”[③]，以民众熟悉的乡村党员、劳动英雄等来引导民众参与劳动互助。相较以往行政命令下的组织动员，乡村民众会更倾向于前者。另外，据1942年西北高干会议上毛泽东“发展经济”的倡导，边区政府要求基层组织特别是乡村党支部转变工作思路，将日常工作重点“放在领导群众生产上”[④]。这样一来，边区乡村形成强大的“组织起来”动员氛围。基层党员、干部和劳动英雄纷纷行动起来，为实现乡村民众“组织起来”而努力。如1944年，安塞县由党员直接参加领导的变工、扎工，占全县组织总数的45.7%[⑤]。党员干部、劳动英雄模范带头作用的发展，为劳动互助的充实奠定组织基础。

其三，坚持以群众路线为核心。毛泽东强调：“我们应该走到群众中间

① 斯坦因著：《红色中国的挑战》，李凤鸣译，北京：新华出版社，1987年，第75页。

② 毛泽东：《组织起来》，载《解放日报》，1943年12月2日第1版。

③ 任弼时：《关于几个问题的意见》（1943年），见陕西省档案馆等编：《抗日战争时期陕甘宁边区财政经济史料摘编》（第1编），西安：陕西人民出版社，1981年，第49页。

④ 赵志：《领导生产应成为农村支部的首要职责》，载《解放日报》，1943年1月25日第2版。

⑤《西北局组织部关于整顿农村支部工作问题材料》（1945年4月13日），见中央档案馆、陕西省档案馆：《中共中央西北局文件汇集》（1945年）甲6，1994年，第207页。

去，向群众学习，把他们的经验综合起来，成为更好的有条理的道理和办法，然后再告诉群众，并号召群众实行起来，解决群众的问题，使群众得到解放和幸福。”①

作为群众旧有经验，变工、扎工等形式被政府所注重和利用，充分说明“群众路线”在乡村经济工作中的切实执行。在劳动互助的组建过程中，基层政权也注意通过切实解决民众生产困难来调动民众参加集体劳动的积极性。如南泥湾金盆区某村组建扎工队，由区政府借给2000元购买镢头等生产工具②。由此来看，利用群众经验、解决群众困难，在“组织起来”实现农业增收基础上，进而实现提高人民生活和保障革命的继续。不仅充分展现边区政府“执政为民”之理念，而且凸显中共政权始终以解决民众实际困难为工作出发点，并以民众的“解放和幸福”为革命的终极目标。

总而言之，无论是毛泽东通过构建合作社来解决乡村贸易金融问题，还是1943年提出“组织起来”来全面发展乡村经济，都是其关注农民生活、推进农业经济发展的重大体现。结合1949年中国共产党领导中国民众取得革命胜利的客观事实，也就充分说明共产党人“为人民谋幸福”这一历史使命，是说得出且做得到的。那么，面对共产党构建起的乡村革命氛围及共产党人对民众根本利益的维护，乡村民众积极响应政权号召，进行农业生产，进而支援革命战争，自然在情理之中。

四、结语

其实，毛泽东在《组织起来》所强调的，并非单是学者们所关注的边

① 毛泽东:《组织起来》，载《解放日报》，1943年12月2日第1版。

② 《金盆区成立大札工队》，载《解放日报》，1943年3月22日第2版。

区经济互助合作层面，而是包含有另一种思路，即对共产党员破除官僚主义工作作风之要求。毛泽东指出：

国民党就是只问老百姓要东西，而不给老百姓以任何一点什么东西的。如果我们共产党员也是这样，那么这种党员的作风就是国民党的作风，这种党员的脸上就堆上了一层官僚主义的灰尘，就得用一盆热水好好洗干净。我觉得，在无论哪一个抗日根据地的地方工作中，都存在有这种官僚主义的作风，都有一部分缺乏群众观点因而脱离群众的工作同志。我们必须坚决地克服这种作风，才能和群众亲密地结合起来①。

在毛泽东看来，人民需要能切实解决实际问题、维护群众利益的共产党员，而当时各抗日根据地的党员干部中，不同程度上存在着官僚主义、偏离群众路线的问题。这些问题的存在，直接影响到群众的动员和根据地力量的壮大。因此，如从领导乡村集体生产的角度讲，在毛泽东看来，破除官僚主义、履行群众路线的有效途径，就是党员切实肩负起领导乡村生产，尤其组织民众集体互助，来实现改善民众生活和保障革命的继续。而这一点恰是当今乡村振兴战略中所必需的。

为实现两个“百年梦想”，结合当前乡村发展实况，中共十九大提出“始终把解决好‘三农’问题作为全党工作重中之重”“坚持农业农村优先发展”②，实施乡村振兴战略。如何全面推进乡村振兴战略，党的领导应是根本保证。但在当今乡村工作实际中，“面对新时代农村工作的任务和要求，党领导‘三农’工作的体制机制、干部队伍、农村基层组织还不能很好适应。一些地方对党管农村重要性的认识淡漠了，党管农村工作的原则

① 毛泽东：《组织起来》，载《解放日报》，1943年12月2日第1版。

② 习近平：《决胜全面建成小康社会，夺取新时代中国特色社会主义伟大胜利》，北京：人民出版社，2017年，第32页。

放松了、力度削弱了。”[①] 也就是说，伴随着新世纪乡村社会发展，传统基层党组织的领导和推进乡村社会发展的优势作用，不但不能充分发挥反而削弱，也就不能很好地承担起当今乡村振兴的责任。对照毛泽东在《组织起来》的分析，当今乡村振兴战略的基本前提，在于基层党组织群众路线的切实履行。如党员干部均能“走到群众中间去，向群众学习，把他们的经验综合起来，成为更好的有条理的道理和办法，然后再告诉群众（宣传），并号召群众实行起来，解决群众的问题”，那么，工作认识、工作原则、工作力度等一系列的现实问题，都能在实际工作中得以消除和解决。换言之，在发挥“历史是最好的教科书”的理念下，我们全面梳理抗战时期毛泽东农业“组织起来”思路的形成，总结抗战后期边区政府坚持群众路线为核心，在发挥基层党组织优势的基础上，贯彻落实农业生产“组织起来”之历史经验，可为当前乡村工作中发挥基层党组织作用、实施乡村振兴战略提供应有之经验借鉴。

---

① 《实现乡村振兴关键在党》，载《人民日报》，2018年1月2日第1版。

土耳其学者关于回鹘文《金光明经》相关研究概览

宋博文　杨志国

（兰州大学敦煌学研究所，甘肃兰州）

摘　要： 土耳其学者对回鹘文《金光明经》的研究从20世纪二三十年代开始，早期有阿拉特、恰合台、西纳希·特肯和塔拉特·特肯等学者的相关研究；到20世纪90年代，尤其是21世纪以后，随着《金光明经》一系列校勘本和编目的出版，土耳其出现了众多相关研究成果，主要集中于对《金光明经》单品单卷的校勘研究以及以《金光明经》为语料进行的语文学研究。

关键词： 回鹘文《金光明经》；土耳其；研究成果

《金光明经》全称《金光明最胜王经》，梵文写作“Suvarṇaprabhāsa-sottamasūtra”，回鹘文名为“altun önglüg yaruq yaltrïqlïγ qopda kötrülmiš nom iligi atlïγ nom bitig”。该经由胜光法师约于10世纪根据义净翻译的汉文本翻译而成。回鹘文《金光明经》有两个版本。一为甘肃酒泉文殊沟出土的版本，1910年由俄国马洛夫所获，除散落的两页藏于瑞典斯德哥尔摩民族学博物馆外，其他部分现均藏于圣彼得堡俄罗斯科学院东方学研究所，故又称圣彼得堡本。二为吐鲁番等地区发现的残卷，此系20世纪初德国探险队在新疆吐鲁番地区考察所得，该部分现多藏于德国柏林 — 勃兰登堡科学院吐鲁番学研究中心（部分残卷因二战迁至美因茨，美因茨藏品后又随国家图书馆迁到了柏林），故又称柏林本。

由于回鹘文《金光明经》是目前发现的最大部头的回鹘文文献，其研究价值不言而喻，自1908年缪勒发表第一篇关于回鹘文《金光明经》的研究以来[①]，各国学者对该经的研究已经持续了百余年，近年来土耳其学者发表了众多相关著作，我国国内学界尚未对此进行系统梳理。鉴于此，本文拟对土耳其学者相关研究进行回顾和介绍。

较早进行回鹘文《金光明经》研究的土耳其学者是阿拉特（Reşit Rahmeti Arat）。德国学者缪勒（F. W. K. Müller）在《粟特语文献II》中刊布了《金光明经》粟特文本的相关片段，并将相关汉文文本与之对应列出。阿拉特负责该文的回鹘文部分，他找到并将对应的回鹘文本（卷五品十片段，R–M 380/05–390/15）进行了转写和德文翻译[②]。

其次较早的作品是由阿拉特于1936年完成的《突厥语相关研究，回鹘时代的实例:〈金光明经〉》[③]。作者对在他之前的相关研究进行了回顾，并对卷十品二十六（舍身品）(R–M 607/08–616/10）进行了转写。

1937年，阿拉特与德裔美籍学者艾伯华（Wolfram Eberhard）合作，在《吐鲁番突厥语文献》第七辑中，研究了回鹘文《金光明经》的若干片

---

① 参见F. W. K. Müller, *Uigurica I, 1.Die Anbetung der Magier, ein christliches Bruchstück; 2. Die Reste des buddhistischen "Goldglanz-sūtra", ein vorläufiger Bericht*, AKPAW. Phil.–hist. Cl. 1908: 2, Berlin 1908. s. 10–35.

② F. W. K. Müller, *Sogdische Texte II*, SPAW, Berlin 1934: s. 566–571.

③ Reşit Rahmeti Arat, *Türk Dili Üzerine Araştırmalar, Uygur Devrine Ait Dil Örnekleri: Altun Yaruk*, İstanbul 1936, s. 1–8.

段，对R–M 34/17–21，343/21–344/24，686/13–16这几个部分进行了转写和德文翻译[①]。1965年阿拉特出版的《古突厥语诗歌》中收纳了回鹘文《金光明经》部分诗体片段[②]。

1945年由土耳其女学者恰合台（Saadet Ş. Çağatay）完成的《〈金光明经〉中的两个片段》[③]是土耳其学者早期关于回鹘文《金光明经》研究较为重要的一部作品。该书主要依据拉德洛夫和马洛夫的回鹘文排印本，对其第一卷和舍身饲虎故事进行了转写和土耳其语的翻译，分为6个部分：第一部分为该书前言；第二部分为第一卷（R–M 1–24/24）（包括张居道故事）的转写、翻译和简单注释；第三部分为舍身饲虎故事（R–M 607/06–627/21）的转写、翻译和简单注释；第四部分是对连两个片段的语法注释；第五部分为舍身饲虎故事汉文版本的土耳其语翻译；第六部分为索引。

20世纪中期在回鹘文《金光明经》研究领域做出较多贡献的学者有西纳希·特肯（Şinasi Tekin）（美籍土耳其人）和塔拉特·特肯（Talât Tekin）。

1959年西纳希·特肯发表了《借助汉文〈金光明经〉德文翻译的研究》[④]。该文分为两大部分。第一部分首先简介了Johannes Nobel对义净所译汉文《金光明经》的德文译本和胜光法师的回鹘译本，接着梳理了20世

---

① Reşit Rahmeti Arat, Wolfram Eberhard, *Türkische Turfan-Texte VII* , APAW, Berlin 1937, s. 1–123.

② Reşit Rahmeti Arat, *Eski Türk şiiri*, Ankara: Türk tarih kurumu basımevi, 1965, s. 177–183. Facsimiles: 4 plates s. 486–490.

③ Saadet Ş. Çağatay, *Altun yaruk'tan iki parça. I Küü tav'ın canlilari öldürdüğünden dolayi gördüğü ceza. II Üç pransle pars hikayesi*（*Prens Mahasatvi*）. Ankara: Ankara Üniversitesi Dil ve Tarih–Cografa Fakültesi yayinlari. 46. Türk Dili ve Edebiyati Enstitüsü, 1945.

④ Şinasi Tekin, *Altun Yaruk'un Çincesinin Almancaya Tercümesi Dolayısiyle*, TDAYB, 1959, s. 293–306.

纪半个世纪以来关于《金光明经》的研究成果。第二部分列举并比较了回鹘文本和汉文本各品的序言和结语部分。

1961年西纳希·特肯结合拉德洛夫和马洛夫的校勘本相关片段，用德文发表了《关于〈金光明经〉回鹘文版本中的三身思想（Trinitätslehre）》[①]。同年，他又结合相关片段，发表了《关于回鹘语中的“空性”（Boşluk）和“真谛”（Mutlak Hakikat）的含义》[②]，对相关回鹘文佛教术语的概念进行了探讨。

1963年，西纳希·特肯利用回鹘文《金光明经》等文献材料，发表了《关于回鹘佛教徒的八识》[③]，对回鹘文的“八识”进行了探讨。同年，他又结合《金光明经》在内的众多回鹘文材料，以“功德回转（Sevabın tevcihi）”为话题进行了相关研究[④]。1966年，西纳希·特肯对圣彼得堡本回鹘文《金光明经》的《回向文》（R–M 678/01–686–21）进行了研究，对该部分进行了转写、翻译和注释[⑤]。

西纳希·特肯关于回鹘文《金光明经》最重要的著作是他与罗本（Klaus Röhrborn）和舒尔茨（Peter Schluz）合作出版的《回鹘文〈金光明经〉

---

① Şinasi Tekin, *Über die buddhistische Trinitätslehre in der uigurischen Version des Goldglanz-Sūtra*, UAJb, Band XXXIII/1–2, Wiesbaden, 1961, s. 187–192.

② Şinasi Tekin, *Uygurlarda 'Boşluk' ve 'Mutlak Hakikat' Mefhumları Hakkında*, Atatürk Üniversitesi 1960 Yıllığı, Atatürk Üniversitesi Yayınları, Erzurum, 1961, s. 79–87.

③ Şinasi Tekin, *Burkancı Uygurlarda Sekiz Türlü Şuur Üzerine*, Felsefe Arşivi, S. 14, 1963, s. 97–107.

④ Şinasi Tekin, *Uygurlarda Sevab Tevcihi Âdeti ve İslâmlıktaki Mevlid Duâsı*, Istanbul Üniversitesi Edebiyat Fakültesi, Türk Dili ve Edebiyatı Dergisi, C. XII, 1962, İstanbul 1963, s. 233–245.

⑤ Şinasi Tekin, *Buyan Evirmek（Sevabın tevcihi）*, Reşid Rahmeti Arat İçin, TKAE, Ankara, 1966, s. 390–411.

（第九和第十品）研究》[①]。该书是西纳希·特肯在1958年答辩通过的博士论文基础上，经罗本和舒尔茨修订增补，于1971年出版的。作者结合了柏林本第九、第十品的部分残卷，对拉德洛夫和马洛夫辑刊的圣彼得堡本中相关部分进行对勘，找出了圣彼得堡校勘本的一些错误。

1987年西纳希·特肯发表了《〈金光明经〉第二十品王法正论品（Iligler Qanlarnıng Köni Törüsin Aymaq（=Râjaşâstra））》[②]，他结合部分柏林本残片对第二十品进行了对勘研究。次年，他发表了关于埃勒斯（Gerhard Ehlers）《古代突厥语写本，第二辑，〈金光明经〉和佛教故事集〈十业道譬喻鬘经〉》的书评[③]。

塔拉特·特肯关于《金光明经》的研究有两篇。1986年，他发表了《前伊斯兰时期的突厥诗歌》[④]，其中包含《金光明经》中《舍身饲虎》故事的诗体部分。1996年他又发表了关于茨默《〈金光明经〉序言和第一卷》的书评[⑤]。

这一时期对回鹘文《金光明经》研究做出贡献的土耳其学者还有奥斯曼·赛特卡亚（Osman Fikri Sertkaya）。1986年，毛埃（Dieter Maue）与赛特卡亚合作发表了《回鹘文〈金光明经〉"辩才天女的咒药洗浴（〈大辩

① Şinasi Tekin, Klaus Röhrborn and Peter Schluz, *Die Kapitel über die Bewusstseinslehre im uigurischen Goldenanzsūtra*（*IX und X*）. VSUA 3. Wiesbaden: Otto Harrassowitz, 1971.

② Şinasi Tekin, *Altun Yaruk'un 20. Bölümü Iligler Qanlarnıng Köni Törüsin Aymaq*（*=Râjaşâstra*）, JTS, Vol. 11, 1987, s. 133–199.

③ Şinasi Tekin, *Gerhard Ehlers, Alttürkische Handschriften, Teil 2*, JTS, Vol. 12, 1988, s. 293–302. 埃勒斯此书包含由对美因茨（Mainz）所藏回鹘文《金光明经》的编目整理。

④ Talât Tekin, *İslâm Öncesi Türk Şiiri, Türk Dili, Türk Şiiri Özel Sayısı I.*（*Eski Türk Şiiri*）, Ankara, 1986, s. 3–42.

⑤ Talât Tekin, *Peter Zieme. Altun Yaruq Sudur, Vorworte und das erste Buch*（*BT XVIII*）.（*Berlin Brandenburgische Akademie der Wissenschaften Akademienvorhaben Turfanforschung*）*Brepols 1996*, TDA, 1996, s. 177–182.

才天女品〉）中的药物清单和陀罗尼”（第一部分）》[①]。五年后，两人又发表了此文的续篇[②]。在此文中，作者对柏林本《大辩才天女品》部分残片进行了换写（Transliteraturation）和转写（Transcription），并将圣彼得堡藏本与柏林本相关片段结合，对文献中出现了药物进行了研究。1987年，由赛特卡亚整理的《阿拉特文集（Makaleler）》[③]出版，该文集将阿拉特一生大部分重要文章都收入其中，方便了各国学者检索研究。此外，赛特卡亚还发表有《古代突厥诗歌材料全览》[④]，研究了包括回鹘文《金光明经》在内的一部分诗体片段。《土耳其回鹘突厥语研究史一览以及土耳其关于古代回鹘突厥语最近出版的作品》[⑤]回顾了土耳其半个多世纪对突厥语族语言的研究，并介绍了Ceval kaya（出版有《金光明经》校勘本，见下文），Mehmet Ölmez（出版有《〈金光明经〉第三卷第五品》，见下文）和Sema Barutçu的研究成果。

进入20世纪90年代以来，土耳其学者发表、出版了大量的对回鹘文《金光明经》的研究成果，出现了若干就单品、单卷进行研究的著作。

这一类型的研究首先要提到的是买合麦提·欧勒麦孜（Mehmet

---

① Dieter Maue / Osman Sertkaya, *Drogenliste und Dhāraṇī aus dem "Zauberbad der Sarasvatī" des uigurischen Goldglanzsūtra*（*Teil I*）, UAJb Neue Folge, Band 6, Wiesbaden, 1986, s. 76–99.

② Dieter Maue / Osman Sertkaya, *Drogenliste und Dhāraṇī aus dem "Zauberbad der Sarasvati" des uigurischen Goldglanzsūtra*（*Teil II*）, UAJb Neue Folge, Band 10, Wiesbaden 1991, s. 116–127.

③ Reşit Rahmeti Arat, *Makaleler*, C. I, Yayına Hazırlayan: Osman Fikri Sertkaya, TKAE, Ankara, 1987.

④ Osman Fikri Sertkaya, *Eski Türk Şiirinin Kaynaklarına Toplu Bir Bakış, Türk Dili, Türk Şiiri Özel Sayısı I*（*Eski Türk Şiiri*）, 1986, s. 43–80.

⑤ Osman Fikri Sertkaya, *Türkiye'de Uygur Türkçesi Araştırmaları Tarihine Bir Bakış ve Eski Uygur Türkçesi Üzerine Türkiye'de Yapılan Son Çalışmalar*, TDAYB, 1995, s. 411–431.

Ölmez）的《〈金光明经〉第三卷（第五品）》① 。该书是在欧勒麦孜1988年通过的学位论文基础上修改出版的。该书正文共分为五个部分。以拉德洛夫和马洛夫刊印的圣彼得堡本为底本，对《金光明经》第三卷第五品进行了研究。第一部分为序言，回顾了回鹘文《金光明经》相关研究成果，介绍了该书的转写、索引等的体例；第二部分是参考文献；第三部分为回鹘文《金光明经》第三卷第五品的转写，附有相应的土耳其语翻译和较为详细的注释；第四部分为词汇索引；第五部分为图版，分别是Johannes Nobel译的义净本汉文《金光明经》的德文译本、大正藏义净译汉文本和圣彼得堡本的铅字排印本相关章节的影印图版。此外，欧勒麦孜教授相关的作品还有《胜光法师及其对古代回鹘语言财富的贡献》② ，讨论了胜光法师对回鹘文学语言所作的贡献。2011年他还发表了关于德国回鹘文献研究专家西蒙娜·克里斯塔娜·拉施曼（Simone-Christiane Raschmann）的著作《柏林本回鹘文〈金光明经〉编目》的书评③ 。

第二部重要的著作是卡雅（Ceval Kaya）1994年出版的《回鹘文〈金光明经〉，序言，正文和索引》④ 。卡雅以圣彼得堡本的排印本为底本，对全文进行了转写，并结合当时已找出的柏林本残片进行了校勘，并附有详细的索引。该书共分为三部分。第一部分为序言，讨论了回鹘文《金光明经》的名称、翻译者、翻译年代、圣彼得堡本各卷文本、回鹘文的版本

---

① Mehmet Ölmez, *Altun Yaruk III. Kitap*（= *5. Bölüm*）（*Suvarṇaprabhâsasûtra*）, Türk Dilleri Araştırmaları Dizisi, Odak Ofst, Ankara, 1991.

② Mehmet Ölmez, *Şingko Şeli Tutung ve Eski Uygurcanın Sözvarlığına Katkıları*, Doğan Aksan Armağanı, Ankara, 1998, s. 107–110.

③ Mehmet Ölmez, *Raschmann, Simone-Christiane. Alttürkische Handschriften. Teil 5, Teil 6, Teil 7: Berliner Fragmente des Goldglanz-Sūtras*, UAJb Neue Folge, Band 24, Wiesbaden, 2010/2011, s. 307–309.

④ Ceval Kaya, *Uygurca Altun Yaruk, Giriş, Metin ve Dizin*, TDK, Ankara 1994.

（圣彼得堡本，美因茨残片和柏林科学院残片）及其保存情况（美因茨和柏林科学院残片列有新旧编号和圣彼得堡本对应行数的对照表）、关于回鹘文《金光明经》的研究著作、其他语言的版本、本书的研究方法和转写体系等。第二部分是在圣彼得堡本的基础上进行的转写，结合柏林本残片对圣彼得堡本进行的校勘以页下注形式列出；第三部分是索引，包括总索引、词缀索引、词频索引和倒序索引。今天来看，该书虽尚有不足之处，但已经成为回鹘文《金光明经》研究重要的参考底本。

第三部这一类型的著作是Özlem Ayazlı于2012年出版的《回鹘文〈金光明经〉第六卷》① 。该书利用圣彼得堡本铅印本及原件，柏林本相关残片进行互校对，对回鹘文《金光明经》第六卷第十二品进行了研究。该书共分为7个部分。第一部分为序言，对回鹘文《金光明经》的概况，回鹘佛教文学发展史,《金光明经》的韵文，相关的研究著作，研究方法（包括使用的柏林本残片、文本的内容、翻译、注释索引编写），一些拼读法修正的词汇，对圣彼得堡本原件与铅印本若干词汇的拼写差异进行了讨论和介绍。第二部分为柏林本第五品残片按经文内容顺序排列的列表，以及每片残片的字母换写。第三部分为圣彼得堡本的字母换写及转写，附有对应的汉文经文，并结合柏林本进行了校勘。第四部分为经文的土耳其语译文。第五部分对经文进行了逐句的注释。第六部分为索引，包括双语索引（回鹘语—土耳其语）、回鹘语—汉语索引、汉语—回鹘语索引。第七部分为结语。后附参考文献。附录部分包括柏林本残片的网址、圣彼得堡本铅印本图版，大正藏汉文图版和Johannes Nobel译的义净本汉文《金光明经》的德文译本。

① Özlem Ayazlı, *Altun Yaruk Sudur VI. Kitap Karşılaştırmalı Metin Yayını*, TDK, Ankara, 2012.

同年，Engin Çetin出版了《〈金光明经〉第七卷》①。该书正文部分主要由前言、文本、翻译、索引几个部分构成。其中文本部分主要对柏林本《金光明经》的相关残片进行了换写和转写，并依据圣彼得堡的文本对柏林本的文本进行了编排。

2013年，Zemire Gulcalı在其硕士论文的基础上出版了《回鹘文〈金光明经〉舍身饲虎故事》②。该书正文主要由5个部分组成：第一部分为序言，介绍了《金光明经》概况，回顾了回鹘文本、藏文本和田塞文本的相关研究著作，着重介绍了涉及《舍身饲虎》故事研究作品，并讨论了转写的方法及体例，一些词汇拼读的修正，并根据圣彼得堡本原件相关章节照片与铅印本对比，列举出其中有差异的词汇，序言末，按照经文文本顺序，将柏林本相关残片编号以变格形式列出。第二部分为柏林本残片的文献字母换写，与圣彼得堡本进行了对比。第三部对圣彼得堡本相关章节进行了换写和转写，给出了土耳其语翻译。第四部分给出每句对应的汉文原文，并进行逐句注释。第五部分为索引：回鹘语 — 土耳其语 — 现代维吾尔语索引、汉语回鹘语索引、现代维吾尔语 — 回鹘语索引。书后附有参考文献、图版（冯·加班的手写本、打印本以及德文译本样品，柏林本的残片，圣彼得堡本铅印本相关片段和大正藏相关片段）。

与此类似的著作还有Erdem Uçar 的《〈金光明经〉第九卷》③，Engin

① Engin Çetin, *Altun Yaruk, Yedinci Kitap, Berlin Bilimler Akademisindeki Metin Parçaları Karşılaştırmalı Metin, Çeviri, Açıklamalar, Dizin*, Karahan Kitabevi, Adana, 2012.

② Zemire Gulcalı, *Eski Uygurca Altun Yaruk Sudur'dan "Aç Bars" Hikâyesi*, TDK, Ankara, 2013.

③ Erdem Uçar, *Altun Yaruk Sudur: IX. Tegzinç. Diplomatik Neşir Usûlüyle Yayını,Tercüme, Açıklamalar ve Dizin*, Dinozor Kitabevi, İzmir, 2013.

Çetin 的《〈金光明经〉第八卷》①，Hacer Tokyürek 的《〈金光明经〉第四卷》②等，该类针对单品单卷进行的对勘研究现仍在陆续出版。

土耳其的学者近十年来针对或利用回鹘文《金光明经》提供的丰富材料，发表了大量论文。Özlem Ayazlı 以回鹘文《金光明经》为语料，发表了若干篇文章。《〈金光明经〉中出现的若干与梵语对应的汉语词汇》③一文讨论了《金光明经》中出现的梵文—汉文对应的佛教术语、神祇名称，文末附有回鹘文—汉文和汉文—梵文的索引。《大乘佛经中有关数字和时间的术语》④将其中有关数字和时间的词汇与对应的汉文词汇比较，以期发现其中的差异。Engin Çetin 相关的论文有《汉文译为回鹘文文本中带有 agız、köz 和 yüz 的习语》⑤，讨论了回鹘语中有关嘴、眼、脸等器官名称的习语；《汉文原典对回鹘文〈金光明经〉中表示持续和迅捷的描述性动词的表达》⑥举例比较了回鹘文和汉文表达持续和迅捷动词的异同。Berker Keskin 有《从〈金光明经〉第七卷谈古代回鹘突厥语中的倒装句结构》⑦和

---

① Engin Çetin, *Altun Yaruk Sekizinci Kitap, Berlin Bilimler Akademisindeki Metin Parçalaı Karşılaştırmalı Metin, Çeviri, Açıklamalar, Dizin*, Karahan Kitabevi, Adana, 2017.

② Hacer Tokyürek, Altun Yaruk Sudur IV. Tegzinç（Karşılaştırmalı Metin Yayını）. Laçin, Kayseri, 2015. 另新有 Hacer Toyürek, *Altun Yaruk Sudur IV. Tegzinç*, TDK, Ankara, 2018.

③ Özlem Ayazlı, Altun Yaruk' ta Geçen Sankrıtçe Bazı Kelimelerin Çinçe Denklikleri, TDA, 18, 2008, s. 61–76.

④ Özlem Ayazlı, *Mahāyāna Budizmine Ait Sayı Ve Zamanla İlgili Bazı Terimler*, Turkish Studies, Vol. 6/1, 2011, s. 653–659.

⑤ Engin Çetin, *Çinceden Uygurcaya Çevrilen Metinlerde 'Agız', 'Köz' Ve 'Yüz' Sözleri ile Kurulmuş Deyimler*, International Journal of Language Academy, Vol. 5/7, 2017, s. 433–440.

⑥ Engin Çetin, *Altun Yaruk'ta Süreklilik Ve Tezlik Bildiren Tasvir Fiillerinin Çince Orijinal Metindeki Görünümleri*, TDAYB, 2018, s. 215–246.

⑦ Berker Keskin, *Altun Yaruk Yedinci Kitap"tan Hareketle Eski Uygur Türkçesinde Devrik Cümle Yapısı*, Türk Dili ve Edebiyatı Dergisi Cilt/Sayı: 53, 2015, s. 39–52.

《关于〈金光明经〉第七卷的语义研究》(学位论文)[①]。Erdem Uçar 发表有《关于回鹘文的 birgerü》[②]《回鹘词典编纂的内容 II：关于 čog 的评述》[③]《关于古代突厥语 yapa(完全地)的词源》[④]，都部分地利用了《金光明经》的语料。此外，他还发表了多篇关于《金光明经》校勘类的文章:《〈金光明经〉第五卷柏林藏残片研究，换写、翻译注释和索引》(学位论文)[⑤]，《〈金光明经〉第八卷，大辩才天女品(第十五品，第二部分)》[⑥]《十方菩萨赞叹品:〈金光明经〉第十卷第二十七品》[⑦]《妙幢菩萨赞叹品:〈金光明经〉第十卷第二十八品》[⑧]《〈金光明经〉第十卷第二十九品》[⑨]。Hacer Toyürek 新发表了《〈金光明经〉第四卷的文本差异》[⑩] 等等。

---

① Berker Keskin, *Altun Yaruk'un yedinci kitabı üzerine söz dizimi incelemeleri*, İstanbul Üniversitesi. Sosyal Bilimler Enstitüsü. Türk Dili ve Edebiyatı Anabilim Dalı, Yüksek Lisans Tezi, 2015.

② Erdem Uçar, *Uygurca Birgerü Üzerine*, Türkbilig Türkoloji Araştırmaları, 2012/24, s. 93–100.

③ Erdem Uçar, *Contributions to Uighur Lexicography II: Remarks on čog*, AOH, Vol. 67 /2, 2014, s. 151–162.

④ Erdem Uçar, *Eski Türkçe Yapa Tamamen Kelimesinin Kökeni Üzerine*, Turuk, Vol. 5/9, 2017, s. 118–127.

⑤ Erdem Uçar, *Altun Yaruk Sudur V. Kitap Berlin Koleksiyonundaki Fragmanların Transliterasyonu ve Transkripsiyonu Açıklamalar ve Dizin*, Ege Üniversitesi Sosyal Bilimler Enstitüsü Türk Dünyası Araştırmaları Ana Bilim Dalı Türk Dili ve Lehçeleri Bilim Dalı (Yayımlanmamış Doktora Tezi), 2009.

⑥ Erdem Uçar, *Altun Yaruk Sudur: VIII. Tegzinç, Yüce Sarasvatī* (*XV. Bölök, II. Kısım*), Dede Korkut Uluslararası Türk Dili ve Edebiyatı Araştırmaları Dergisi, 6/12, 2017, s .100–151.

⑦ Erdem Uçar, *On Taraftaki Bodhisattva'nın Buddha'ya Methiyesi: Altun Yaruk Sudur: X. Tegzinç, XXVII. Bölök [R-M 644/18-649/08]*. Journal of Dil Arastirmalari. Sayı 12, 2013, s. 31–57.

⑧ Erdem Uçar, *Bodhisattva Ruciraketu'nun Buddha'ya Methiyesi: Altun Yaruk Sudur, X. Tegzinç, XXVIII. Bölök [R-M. 649/09-653/07]*, Modern Türklük Araştırmaları Dergisi, 9/4, 2012, s. 82–102..

⑨ Erdem Uçar, *Altun Yaruk Sudur: X. Tegzinç, XXIX. Bölök [R-M 653/08-657/17]*, Modern Türklük Araştırmaları Dergisi, 10/1, 2013, s. 25–51.

⑩ Hacer Toyürek, *Altun Yaruk IV. Tegzinç'e Göre Nüsha farklılıkları*, International Journal of Old Uyghur Studies, 1/1, 2019, s.19–38.

此外还要提到的是，土耳其玛尔马拉大学（Marmara Üniversitesi）相关专业学生在卡雅等教授指导下相继完成了《回鹘文〈金光明经〉文献》[①]的一系列学位论文。

21世纪以来，土耳其涌现的众多回鹘文研究的相关学者，做了出卓有成效的研究，这为我们对回鹘文献，以及相关历史文化的进一步认识和研究提供了丰富的参考资料。但从目前来看，土耳其学者的研究成果仍多停

---

① 这一系列学位论文包括（1）Yahya Küçük, *Uygurca Altun Yaruk'a ait 50 belge*（*1-50*），Marmara Üniversitesi Türkiyat Araştırmaları Enstitüsü Türk Dili ve Edebiyatı Ana Bilim Dalı Türk Dili Bilim Dalı（Yayımlanmamış Yüksek Lisans Tezi），2003.（2）Alpay Sarıyıldız, *Uygurca Altun Yaruk`a ait belgeler*（*101-150*），Marmara Üniversitesi Türkiyat Araştırmaları Enstitüsü Türk Dili ve Edebiyatı Ana Bilim Dalı Türk Dili Bilim Dalı（Yayımlanmamış Yüksek Lisans Tezi），2004.（3）Ümit Özgür Demirci, *Uygurca Altun Yaruk`a ait belgeler*（*251-300*），Marmara Üniversitesi Türkiyat Araştırmaları Enstitüsü Türk Dili ve Edebiyatı Ana Bilim Dalı Türk Dili Bilim Dalı（Yayımlanmamış Yüksek Lisans Tezi），2004.（4）Murat Elmalı, *Uygarca Altun Yaruk'a ait belgeler*（*151-200*），Marmara Üniversitesi Türkiyat Araştırmaları Enstitüsü Türk Dili ve Edebiyatı Ana Bilim Dalı Türk Dili Bilim Dalı（Yayımlanmamış Yüksek Lisans Tezi），2004.（5）Gökhan Kütükçü, *Uygurca Altun Yaruk'a ait belgeler*（*351-400*），Marmara Üniversitesi Türkiyat Araştırmaları Enstitüsü Türk Dili ve Edebiyatı Ana Bilim Dalı Türk Dili Bilim Dalı（Yayımlanmamış Yüksek Lisans Tezi），2004.（6）Gürşat Polat, *Uygurca Altun Yaruk`a ait belgeler*（*301-350*），Marmara Üniversitesi Türkiyat Araştırmaları Enstitüsü Türk Dili ve Edebiyatı Ana Bilim Dalı Türk Dili Bilim Dalı（Yayımlanmamış Yüksek Lisans Tezi），2004.（7）Yıldız Soydan, *Uygurca Altun Yaruk`a ait belgeler*（*201-250*），Marmara Üniversitesi Türkiyat Araştırmaları Enstitüsü Türk Dili ve Edebiyatı Ana Bilim Dalı Türk Dili Bilim Dalı（Yayımlanmamış Yüksek Lisans Tezi），2004.（8）Mithat Usta, *Altun Yaruk'a ait belgeler*（*451-500*），Marmara Üniversitesi Türkiyat Araştırmaları Enstitüsü Türk Dili ve Edebiyatı Ana Bilim Dalı Türk Dili Bilim Dalı（Yayımlanmamış Yüksek Lisans Tezi），2005.（9）Yusuf Savaşçı, *Uygurca Altun Yaruk'a ait belgeler*（*401-450*），Marmara Üniversitesi Türkiyat Araştırmaları Enstitüsü Türk Dili ve Edebiyatı Ana Bilim Dalı Türk Dili Bilim Dalı（Yayımlanmamış Yüksek Lisans Tezi），2006.（10）Abdurrahman Seymen, *Uygurca Altun Yaruk'a ait belgeler*（*551-600*），Marmara Üniversitesi Türkiyat Araştırmaları Enstitüsü Türk Dili ve Edebiyatı Ana Bilim Dalı Türk Dili Bilim Dalı（Yayımlanmamış Yüksek Lisans Tezi），2011.（11）Emel Topçu, *Uygurca Altun Yaruk'a Ait belgeler*（*601-650*），Marmara Üniversitesi Türkiyat Araştırmaları Enstitüsü Türk Dili ve Edebiyatı Ana Bilim Dalı Türk Dili Bilim Dalı（Yayımlanmghamış Yüksek Lisans Tezi），2011.

留在针对单品单卷研究的阶段，缺乏针对整个经文的整体性研究，并且由于其学术兴趣和传统等方面的原因，其研究多侧重于文献校勘，对回鹘历史文化相关的研究尚有待深入。另外，由于圣彼得堡所藏酒泉文殊沟版本至今尚未公之于众，对圣彼得堡本原文献的研究也应提上日程。据悉，土耳其有关研究机构已经从俄罗斯购得该文献的全部图版照片资料，他们依据圣彼得堡本原件所作的研究值得期待。鉴于回鹘文《金光明经》是由汉文本翻译而来，从一些片段和使用的词汇看，可能部分地参考了梵文本和藏文本，故而与汉语等语言文本的对勘研究也具有很高的研究价值。同时，我国相关史籍记载了大量回鹘历史信息，这也为回鹘文献与文化的研究提供了不可替代的宝贵资料，在汉文资料的利用方面，我国学者具有先天的优势，理应在回鹘文献相关研究上占有应有的地位。由于目前为止发现的回鹘文献多为断纸残篇，酒泉文殊沟发现的回鹘文《金光明经》，无论是对于回鹘语言研究，还是回鹘宗教历史文化研究，都有不可替代的意义，因此我国也应加强与俄罗斯方面的联系交涉，购得圣彼得堡本的图版，必将获得许多具有价值的学术发现。

附表 1　文中出现缩略语对照表

缩略语	全称	汉译
AKPAW	Abhandlungen der Königlich Preußischen Akademie der Wissenschaften	普鲁士皇家科学院论文
APAW	Abhandlungen der Preußischen Akademie der Wissenschaften	普鲁士科学院论文
AOH	Acta Orientalia Academiae Scientiarum Hungaricae	匈牙利科学院东方学报
JTS	Journal of Turkish Studies	突厥研究杂志

续表

缩略语	全称	汉译
R-M	Radlof-Malov	拉德洛夫 — 马洛夫校勘本 9
SPAW	Sitzungsberichte der Preussischen Akademie der Wissenschaften	普鲁士科学院会报
TDA	Türk Dilleri Araştırmaları	突厥语研究
TDAYB	Türk Dili Araştırmaları Yıllığı-Belleten	突厥语研究年鉴
TDK	Türk Dil Kurumu	土耳其语言协会
TKAE	Türk Kültürünü Araştırma Enstitüsü	土耳其文化研究院
UAJb	Ural-Altaische Jahrbücher	乌拉尔 — 阿尔泰学年鉴
VSUA	Veröffentlichungen der Societas Uralo-Altaica	乌拉尔 — 阿尔泰学会丛刊

对国内龟兹石窟人体艺术相关研究的回顾

杨志国
（兰州大学敦煌学研究所，甘肃兰州）

摘　要：龟兹石窟壁画中的人体艺术在20世纪80年代后开始为学者所关注，在其后的30多年时间里学者们针对龟兹石窟壁画中的人体艺术之来源、文化内涵、绘画手法、艺术风格、宗教功能等展开激励的讨论。

关键词：国内；龟兹石窟；人体艺术

龟兹是古丝绸之路东段的重镇，其北跨天山山道与乌孙通，西沿喀什噶尔河而上直达阿姆河、锡尔河中游，东通中原，处于十字路口。“从汉至唐，龟兹一直是西域政治、经济、文化中心。”① 正是如此，也使得龟兹成为新疆佛教艺术，特别是佛教石窟艺术形成和传播的中心。同样，龟兹独特的地理位置也使得它有机会接触到来自异国的文化风情，多种文明在此交汇融合，对龟兹石窟的建造产生了巨大的影响。本文所谓龟兹石窟是对

① 常书鸿:《新疆石窟艺术》，北京：中共中央党校出版社，1996年，第40页。

位于古代龟兹地区的石窟寺的统称[①]，龟兹石窟现存壁画有2万多平方米，内容丰富，技法纯熟[②]。龟兹石窟群始建于公元3世纪，直至公元9世纪衰落，在这个过程中工匠在其壁画中创造了大量的裸体人物形象。这些人物形象或男或女，或全裸或半裸，或端庄肃穆或妩媚动人，千姿百态。这种大胆的人体表现方式与同一时期中原地区的画风形成了鲜明的对比，正如冯斐所说“新疆龟兹地区汉唐石窟中的壁画如同一个巨大的人体艺术画廊”[③]。

一、对国内龟兹石窟人体艺术相关研究的回顾

国内开龟兹壁画人体艺术研究风气者当属吴焯先生。1983年他于《中亚学刊》发表《克孜尔石窟壁画裸体问题初探》[④]一文，虽名“初探”，但是吴焯对克孜尔石窟壁画中人体形象分类之细致、裸体人像中所隐含的外来文化因素以及当时社会历史背景的分析、对裸体人像在佛教艺术教育和“观像”过程中所起作用的探讨，还有最后提出“克孜尔壁画裸体内容是古代龟兹现实生活的反映”的结论，都为之后学者们研究龟兹石窟壁画人体艺术开拓了思路，此文的发表在国内龟兹壁画人体艺术研究领域产生了奠基石般的作用。随后许多学者开始关注这一领域，并纷纷著书立说。

1985年出版的《丝绸之路造型艺术》一书中刊载了徐建融的《龟兹壁

---

① 即主要包括库木吐喇石窟、森木塞姆石窟、马扎伯哈石窟、克孜尔尕哈石窟、阿艾石窟、托乎拉克埃肯石窟、克孜尔石窟、台台尔石窟、温巴什石窟等多处石窟，主要分布在今库车、拜城、新和三县境内。

② 朱英荣:《龟兹石窟研究》，乌鲁木齐：新疆美术摄影出版社，1993年，第55页。

③ 冯斐编著:《龟兹佛窟人体艺术》，北京：中国摄影出版社，2002年，第10页。

④ 吴焯:《克孜尔石窟壁画裸体问题初探》，见中国中亚文化研究协会编:《中亚学刊（第一辑）》，北京：中华书局，1983年，第116—144页。

画的人体画法》一文[①]，此文主要对当时盛行于龟兹壁画中人体绘画所用的“屈铁盘丝”之法进行分析解构，将其分为凹凸法、线描法、刻划法，并提出这三种方法并非各自独立，而是相辅相成，是古代西域画工伟大的艺术创造。此书再次刊载了吴焯先生的《克孜尔石窟壁画裸体问题初探》一文[②]，可见此文在龟兹壁画人体艺术研究领域的重要地位，影响深远。

1989年苏北海先后在《喀什师范学院学报》和《新疆艺术》发表了《龟兹千佛洞壁画与维吾尔族的历史文化关系》[③] 和《龟兹石窟壁画裸体艺术探源》[④] 二文。第一篇文章包含了龟兹古民族、壁画风格、乐舞等诸多内容，仅在其壁画风格一部分中对龟兹千佛洞（克孜尔石窟）壁画中的裸体女性做了简单梳理，并提出出现这一现象是因为人性本能冲击宗教禁欲主义造成的。随后在《龟兹石窟壁画裸体艺术探源》一文中着重从古代新疆民族风俗习惯和文化传统追溯了龟兹裸体壁画艺术的渊源，并引佛经对裸体人像进行解读。这两篇文章在国内学术界产生了很大的反响，许多学者纷纷著文与之商榷。

1990年《新疆艺术》第4期上同时刊载了姚士宏的《龟兹石窟壁画上果真绘有生殖崇拜吗?》[⑤] 和霍旭初《对〈龟兹石窟壁画裸体艺术探源〉的

---

① 徐建融:《龟兹壁画的人体画法》，见《新疆艺术》编辑部编:《丝绸之路造型艺术》，乌鲁木齐：新疆人民出版社，1985年，第210—215页。

② 吴焯:《克孜尔石窟壁画裸体问题初探》，见《新疆艺术》编辑部编:《丝绸之路造型艺术》，乌鲁木齐：新疆人民出版社，1985年，第246—273页。

③ 苏北海:《龟兹千佛洞壁画与维吾尔族的历史文化关系》，载《喀什师范学院学报》，1989年第4期，第49—69页。

④ 苏北海:《龟兹石窟壁画裸体艺术探源》，载《新疆艺术》，1989年第6期。

⑤ 姚士宏:《龟兹石窟壁画上果真绘有生殖崇拜吗?》，载《新疆艺术》，1990年第4期。后见于姚士宏:《克孜尔石窟探秘》，乌鲁木齐：新疆美术摄影出版社，1996年，第200—208页。

一点质疑》[1]二文，这两篇文章都是针对苏北海的《龟兹石窟壁画裸体艺术探源》进行商榷的。姚士宏在文中除了反驳苏北海对龟兹壁画中生殖崇拜内容的解读外，对苏北海文章中对图7的解读“裸体男飞天紧紧拥抱住女飞天不放”[2]提出质疑，通过考证他认为带翅之人为罗刹，所抱之人为须陀素弥王，二者皆为男性，生殖崇拜之说无从谈起。而霍旭初则主要论证了说法图中佛脚下横卧全裸女子作画依据，非苏北海所谓《展转食学处》之“五趣生死轮图”，而可能是“长寿女听法”故事。同样在1990年，韩翔、朱英荣于在所著《龟兹石窟》书中设第七章第一节“裸体人像”[3]，将壁画中的裸体分为皈依之外道、淫女以及诱惑悉达多太子之裸女三种，并提出龟兹盛行裸像是因为当地没有儒家思想的束缚和对外来文化包容、开放的态度。在此书第十章“龟兹文化与各种文化的关系”中还提出龟兹裸体人像的形成受希腊、印度多种文明的影响[4]。1993年朱英荣在其《龟兹石窟研究》一书中对苏北海的《龟兹千佛洞壁画与维吾尔族的历史文化关系》一文就裸女描写、出现原因等三点进行了商榷[5]。

1992年冯斐出版了《龟兹佛窟人体艺术》一书[6]，较之之前学者所用的“裸体人像”“裸体艺术”“人体”等词，明确提出了“人体艺术”一词，将全裸与半裸人像均归入其中，代表着对龟兹壁画中人体艺术的研究进入

---

① 霍旭初：《对〈龟兹石窟壁画裸体艺术探源〉的一点质疑》，载《新疆艺术》，1990年第4期。后见于新疆龟兹石窟研究院编，霍旭初著：《龟兹艺术研究》，乌鲁木齐：新疆人民出版社，1994年，第163—167页。

② 苏北海：《龟兹石窟壁画裸体艺术探源》，载《新疆艺术》，1989年第6期。

③ 韩翔、朱英荣：《龟兹石窟》，乌鲁木齐：新疆大学出版社，1990年，第247—256页。

④ 韩翔、朱英荣：《龟兹石窟》，乌鲁木齐：新疆大学出版社，1990年，第326—370页。

⑤ 朱英荣：《龟兹石窟壁画艺术刍议——兼与苏北海先生商榷》，见朱英荣：《龟兹石窟研究》，乌鲁木齐：新疆美术摄影出版社，1993年，第28—36页。

⑥ 冯斐：《龟兹佛窟人体艺术》，香港：香港文化教育出版社，1992年。

了一个新的阶段，甚至有学者将其盛赞为“中国最早的裸体艺术”[①]。本书最亮眼处在于将龟兹石窟中人体艺术的表现形式进行了认真的归纳和总结，这是之前学者所不能及的。同时在书的末尾附上了大量冯斐关于人体艺术的龟兹石窟壁画的摄影作品。冯斐是著名的文博摄影家，有学者称其摄影作品“以文物研究与摄影相结合，以渊博的文物知识和独到的见解作摄影的基础和灵魂”[②]，其摄影作品具有极高的学术价值，受到学术界的广泛重视。

1996年苏北海出版了《丝绸之路与龟兹历史文化》一书，在本书第十三章单列“龟兹石窟壁画中裸体艺术溯源及其贡献”[③]“龟兹古代的生殖崇拜文化”[④]两节，再一次重申了1989年两篇文章所提出的观点。对“说法图”中的裸女形象仍认定为《展转食学处》之“五趣生死轮图”，并且通过对龟兹原始生殖崇拜传统的追溯，分析天山南北裸体岩画以及龟兹石窟裸体造型的龟兹特色，提出“龟兹艺术既不是印度风，也不是犍陀罗风，更不是希腊风，只能称为龟兹人民独创的龟兹风”，以此明确反驳了朱英荣认为龟兹人体艺术是希腊、印度等多种文明共同产物的观点。并在“龟兹古代的生殖崇拜文化”一节中分析得出龟兹石窟壁画中存在着大量生殖崇拜内容的结论。同年，姚士宏在其著作《克孜尔石窟探秘》中收录了自

① 雷茂奎：《中国最早的裸体艺术——冯斐〈龟兹佛窟人体艺术〉评介》，载《丝绸之路》，1999年第3期，第32—34页。

② 翟墨：《做一条文化的鳕鱼（代序）》，见冯斐编著：《龟兹佛窟人体艺术》，北京：中国摄影出版社，2002年，第3页。

③ 苏北海：《丝绸之路与龟兹历史文化》，乌鲁木齐：新疆人民出版社，1996年，第509—532页。

④ 苏北海：《丝绸之路与龟兹历史文化》，乌鲁木齐：新疆人民出版社，1996年，第532—549页。

己的文章《也谈克孜尔第118窟壁画内容》[①]，对德国学者格伦威德尔将龟兹石窟人体艺术典型案例克孜尔石窟第118窟著名的“娱乐太子图”故事画考订为“订婚图”的结论[②]进行匡正。“娱乐太子图”中绘有20个人物，均赤裸或半裸，尤以太子左侧手托乳房的全裸宫女，躯体窈窕丰满、肌肤脂滑娇嫩、双乳圆浑高耸，是龟兹人体艺术的典范之作，最为人所称道。

1998年霍旭初发表了《龟兹壁画缘何生殖崇拜》一文[③]，逐条分析了苏北海提出龟兹石窟壁画中含有生殖崇拜结论所用的材料，提出苏北海的论证是不合逻辑的。并就龟兹壁画中大量存在的裸女形象提出自己的观点，认为龟兹壁画中优美的女性裸体形象是一种反衬，要求观像者运用观想的方法达到厌恶、舍弃的目的。此外还提出龟兹地区修建寺院和开凿石窟的供养人都是虔诚的佛教徒，所有佛教艺术都是严格按照佛教经典绘制的。至于龟兹壁画风格则认为早期有可能是按照犍陀罗、秣菟罗佛教的模板绘制的，后期与本地文化相结合，逐渐形成了本地的艺术风格。

2001年冯斐在《民族艺术》发表了与1992年著作同名的文章《龟兹佛窟人体艺术》[④]，在文章中除原有内容外，对龟兹石窟人体艺术进行了溯源，提出龟兹石窟人体艺术有其独特的内涵，与印度和希腊有所不同，更多了论述龟兹石窟人体艺术的独创性。2002年冯斐再版了《龟兹佛窟人体艺术》

---

① 姚士宏:《也谈克孜尔第118窟壁画内容》，见姚士宏:《克孜尔石窟探秘》，乌鲁木齐：新疆美术摄影出版社，1996年，第109—215页。

② [德]A.格伦威德尔著:《新疆古佛寺：1905—1907年考察成果》，赵崇民、巫新华译，北京：中国人民大学出版社，2007年，第177—179页。

③ 霍旭初:《龟兹壁画缘何生殖崇拜》，载《佛学研究》，1998年第00期，第421—430页。后见于霍旭初:《考证与辨析——西域佛教文化论稿》，乌鲁木齐：新疆美术摄影出版社，2002年，第277—306页。

④ 冯斐:《龟兹佛窟人体艺术》，载《民族艺术》，2001年第1期，第157—171页。

一书[①]。在书中将其上年所发文章译成中、英、日三文，方便了读者的使用，此外在书中补充了一部分冯斐关于龟兹壁画人体艺术的摄影作品，图片清晰度和还原度较之初版更高。

2006年王嵘出版专著《西域艺术史》，在第九章“魏晋南北朝时期佛教艺术”中专门讨论了龟兹壁画中的裸体人像[②]。此文主要讨论了男女裸体形象出现的原因，认为这是在龟兹独特的社会风气的基础上，希腊、犍陀罗、印度多种文化共同影响产生的。同年王功恪和王建林发表联名文章《克孜尔壁画中的人体艺术》[③]，他们认为龟兹壁画人体艺术是龟兹画家抓住了古希腊艺术的精髓，并在文中对龟兹女性裸体的艺术形象进行了分类，总结了龟兹人体艺术的艺术特色和绘画方式。

2007年，霍旭初发表《克孜尔石窟壁画裸体形象问题研究》[④]，单就克孜尔石窟壁画中所出现的裸体女性形象讨论了目前学者们所关注的来源、与佛教义理的结合和画师的创作动机等问题进行了讨论。该文对克孜尔石窟中出现的裸女形象做了全面的梳理，根据裸女形象所出现的不同故事中所蕴含的佛教义理，以及古代佛教对佛教画工的严格要求的记载，提出以往学者所谓裸体人像中所蕴含的古代艺术家的主观色彩都不存在，龟兹壁画中裸女形象也是严格按照佛教义理所绘制的观点。在论及龟兹石窟壁画人体艺术与印度人体艺术时，反驳了王嵘“裸体艺术的丰富性和独创性也是居于前列的”[⑤]的观点，认为印度佛教艺术中的裸体为天下之冠，王嵘的

---

① 冯斐编著:《龟兹佛窟人体艺术》，北京：中国摄影出版社，2002年。

② 王嵘:《西域艺术史》，昆明：云南人民出版社，2006年，第141—144页。

③ 王功恪、王建林:《克孜尔壁画中的人体艺术》，载《帕米尔》，2006年第3期，第106—111页。

④ 霍旭初:《克孜尔石窟壁画裸体形象问题研究》，载《西域研究》，2007年第3期，第40—52页。

⑤ 王嵘:《西域艺术史》，昆明：云南人民出版社，2006年，第142页。

结论是言过其实，不符实际的。

2010年，杨熹发发表文章《新疆民族地区古龟兹壁画中裸体艺术的表现形式与美学特征》[①]，文章首先分析龟兹裸体艺术的起源，作者认为龟兹裸体艺术其植根于自身的历史传统，这种传统是由龟兹佛教、上层的生活态度、当地民俗和绘画表现手法共同组成的。此外也受到希腊和印度等外来艺术的影响。其次，同意吴焯先生的看法，将龟兹壁画中的裸体形象分为11种类型，梳理出新疆龟兹克孜尔裸体壁画的内容及分布状况。再者，总结龟兹裸体壁画的技法与特征。最后一部分是本文的特色，作者在中国绘画史背景下结合中国绘画本身发展传承的脉络，对龟兹裸体壁画的审美特征进行了综述。

2011年，满盈盈发表《克孜尔石窟裸体女性形象源流考》一文[②]，作者通过分析推翻了以往学者针对克孜尔石窟裸体女性形象来源所提出的“希腊说”“犍陀罗说”“龟兹本土说”三种说法，认为印度本土文化中的裸体女性形象是克孜尔石窟裸体女性形象的根源，克孜尔石窟中的女性形象融入了印度本土艺术的审美取向和文化精神，成为中国石窟艺术中的一朵奇葩，完全是印度本土艺术的模式。同年周菁葆在其文章《丝绸之路与中国古代新疆壁画中的人体艺术》[③]一文中对龟兹石窟壁画中的人体艺术形象的表现手法和内涵进行了分析，全裸半裸、男性女性均有涉及。在对龟兹壁画人体艺术的造型特色和绘画风格进行分析时，作者将其与高昌壁画人

---

① 杨熹发:《新疆民族地区古龟兹壁画中裸体艺术的表现形式与美学特征》，载《中南民族大学学报（人文社会科学版）》，2010年第5期，第152—156页。

② 满盈盈:《克孜尔石窟裸体女性形象源流考》，载《新疆大学学报（哲学·人文社会科学版）》，2011年第1期，第77—80页。

③ 周菁葆:《丝绸之路与中国古代新疆壁画中的人体艺术》，载《艺术百家》，2011年第2期，第96—110页。

体艺术的造型特色和绘画风格进行对比，提出二者在绘画风格上虽然受到希腊、印度等外来文化的影响，但是从绘画技法可看出画工对人体比例、结构已经有了较深的理解和认识。结合对新疆古代岩画的分析，总结出龟兹壁画人体艺术是在古代新疆人体艺术的基础上，结合外来文化的一次升华，是中国历史文化宝库的精华。

2012年沈爱凤发表《多元文化因素影响下的龟兹飞天造型》一文[①]，在讨论龟兹飞天时单列"伎乐天的西域特色和龟兹人体艺术"一节。沈爱凤认为龟兹飞天和伎乐天形象受到多种文化的影响，但龟兹人体艺术继承于印度—希腊化艺术的传统。她以壁画中"乐神乾闼婆王"题材中的男女造型和"优陀羡王因缘壁画"中有相夫人造型为例，提出龟兹人体艺术还继承了印度艺术的写实传统，并将龟兹舞蹈融入其中，形成龟兹佛教艺术独特的优美风格。2013年周菁葆与孙大卫联合出版了《新疆壁画中的人体艺术》一书[②]，此书的观点与周菁葆2011年的文章基本相同，但是增加了大量龟兹地区和高昌地区石窟寺壁画中人体艺术高清彩图，并依据壁画内容对人体形象做了基本分类。2014年，胡敏发表《飞天形象演变：中西人体艺术理想化途径之差异》[③]，根据测量和分析方法，积极探索形式美的范示。本文虽未特意针对龟兹飞天人体艺术进行分析，但以艺术学理论论证了中国飞天人体艺术和古希腊人体艺术之间的根本区别，其中即涉及了龟兹飞天的人体艺术。

① 沈爱凤:《多元文化因素影响下的龟兹飞天造型》，载《西域研究》，2012年第4期，第117—125页。

② 周菁葆、孙大卫:《新疆艺术研究（第一辑）·壁画艺术卷·新疆壁画中的人体艺术》，乌鲁木齐：新疆美术摄影出版社，2013年。

③ 胡敏:《飞天形象演变：中西人体艺术理想化途径之差异》，见陈国恩、冯冠军、和谈主编:《2014年中国西部文学与地域文化国际高端论坛论文选》，广州：暨南大学出版社，2015年，第153—159页。

2015年冯斐第三次出版其著作《龟兹佛窟人体艺术》[①] 一书，这一版本与之前两个版本的区别在于正文部分增加了“龟兹人体艺术的造型特色及绘画风格”一节。冯斐在此总结了龟兹人体艺术追求“意境”与“气韵”和装饰与人体互为补充的特点，并提出龟兹画家在创作时多用凹凸法来描绘男性躯体，用线描法来描绘女性躯体。在图版部分在以往的克孜尔石窟、库木吐拉石窟、克孜尔尕哈石窟、森木色姆石窟的基础上增加了马扎伯赫石窟壁画中的部分人体艺术摄影作品。

2016年周谦在《西域绘画中的人体艺术》[②] 一文中对古代西域岩画和古代西域石窟寺（包括龟兹地区和高昌地区）壁画中的人体艺术进行了分析。在对大量龟兹石窟壁画中的裸体形象进行分析后作者提出：裸体形象既有佛教的又有世俗的，既有女性的又有男性的，既有贵族的又有平民的，既有全裸的又有半裸的，这些都是龟兹艺术家基于现实所创作的。同时总结了龟兹壁画人体艺术注重面部、追求神似、飘逸脱俗的特点和凹凸法、平涂法等绘画技法。在追溯其起源时作者提出前人所谓“印度说”违背了人类文化进化规律；“希腊说”是天方夜谭，克孜尔等石窟中的人体艺术是古代西域人体升华到高阶段的例证。

2017年张全红发表《新疆克孜尔壁画人体艺术浅析》一文[③]，文章分为克孜尔壁画人体艺术的成因、本土化特色、造型特征和绘画风格等三部分。张全红认为克孜尔石窟壁画中的人体艺术是中原文化、印度文化、伊斯兰文化及欧洲文化和新疆本土文化所结合形成的一种具有独特文化风格的艺术现象，龟兹壁画人体面部多为典型的龟兹人长相，具有明显的本土

① 冯斐:《龟兹佛窟人体艺术（汉英对照）》，乌鲁木齐：新疆美术摄影出版社，2015年。

② 周谦:《西域绘画中的人体艺术》，载《新疆艺术（汉文）》，2016年第6期，第4—26页。

③ 张全红:《新疆克孜尔壁画人体艺术浅析》，载《艺术科技》，2017年第9期，第10—11页。

化特色。在总结造型特征和绘画风格时，提出龟兹石窟壁画人体头身比例1∶6，与现代人的绘画比例基本相同，其余对绘画风格和手法等的观点基本与冯斐、张全红等学者相同。

2018年，任平山在《美术观察》发表《试论克孜尔石窟“裸女闻法”图像三种》一文[①]。此文单就克孜尔石窟壁画中常见的世尊为裸体女子讲法的场景援引佛经义理进行解读，将其分为“耶输陀罗迎佛”“菴没罗女献苑”“绀容夫人殉道”三种不同的图式，提出“耶输陀罗迎佛”“绀容夫人殉道”故事画较之“菴没罗女献苑”在龟兹石窟壁画中数量更多，更受龟兹僧俗的喜爱。表明壁画展示佛陀对耶输陀罗和绀容王后的说教，显然比展示“婬女菴没罗”能够更好地适应王族供养人群体中的女性。

二、对前人研究的检视和未来的展望

纵观龟兹石窟壁画人体艺术研究的发展，起步于1983年吴焯先生在《中亚学刊》发表的该领域第一篇文章。在随后的30多年中，诸多学者相继关注到这一领域，并发表了许多相关著作，学者们主要关注龟兹石窟壁画人体艺术的起源、内涵、特色、技法、功能以及戒律与裸体的矛盾等方面。在长期的商榷和再商榷的过程中，基本就龟兹石窟壁画中人体艺术的艺术特色和绘画手法达成了一致的看法。但是对其起源还存在着单一文化影响、多种文化共同影响、在某一文化基础上受其他文化间接影响等不同的见解。其中在提出单一文化影响和以某一文化为基础的观点时又存在着“印度说”“希腊说”“新疆本土说”的分歧；多种文化共同影响的观点也

① 任平山:《试论克孜尔石窟“裸女闻法”图像三种》，载《美术观察》，2018年第5期，第112—116页。

存在着两种、三种、四种、五种文化的分歧。对于其内涵，有学者基于佛教义理进行解读，有基于生殖崇拜进行解读，有基于人性本质进行解读。对于其功能，有的学者提出具有极高的佛教观像和教育功能，也有学者不同意这一观点，认为其不具备宗教功能。对于佛教戒律与女性裸体的矛盾，有人认为这是一种反衬，是严格按照佛教义理绘制的；也有人认为这是在佛教禁欲主义枷锁下龟兹艺术家大胆的反抗。

值得注意的是，在对龟兹石窟壁画人体艺术进行分析和探讨时，大多数学者都关注于女性躯体，而忽略了对龟兹石窟壁画中大量的全裸和半裸的男性躯体。这些男性形象有着合理的躯体比例和独特的艺术风格，值得学者们去关注。此外龟兹壁画中的人体艺术在经过长期的争论后仍然存着许多的分歧，目前学界尚未出现一部专著来对龟兹石窟壁画中的人体艺术形象做普遍的搜集和整理，根据佛教经典确定各个人体艺术形象所蕴含的文化内涵，分析其时代背景、艺术风格，以此来追溯其源头。

总之，在经历了长期争论后，学界对龟兹人体艺术的理解仍然存在着诸多分歧，艺术理论和佛教义理以及对当时社会历史背景的分析还没有完全结合起来，对龟兹壁画中人体艺术形象的分析还没有细化到每个个案，最为重要的是小乘佛教严格禁欲的教条与龟兹壁画中大量存在的女性裸体形象之间的矛盾并没有得到合理的解释。这一系列的不足需要艺术学、宗教学、历史学等不同学科的学者来共同弥补。

教学篇 >>>>

我国西部高校世界史课程教学现状与改革思考

杨永锋

（西北民族大学历史文化学院，甘肃兰州）

摘　要：近年来，我国改革开放的力度进一步加大，随着我国和平崛起和“一带一路”的实施，需要培养更多的世界史专业人才。在此形势下，西部高校世界史课程教学必须不断进行改革和创新，重视世界史学科在高校人才培养体系中的重要作用，从事世界史课程教学者应紧跟世界史学科发展前沿，不断探索课程教学改革，提高教学质量，培养高质量世界史专业人才，充分发挥学科历史借鉴和资政育人的功能，服务于国家战略和发展需要。

关键词：西部高校；世界史课程教学；改革措施

我国改革开放40余年来，随着国力不断增强，在国际的影响力越来越大，尤其是近年来，随着中国和平崛起和“一带一路”倡议的提出及不断深入推进，需要更多的了解和掌握世界史知识的专门人才。高校就必须主动适应国家发展的需要，不断完善世界史课程体系，改革和创新教学方法，提高人才培养质量。2018年，随着教育部《普通高等学校本科专业类教学质量国家标准》《关于加快建设高水平本科教育　全面提高人才培养能力的意见》的出台以及成都教育大会的召开，为高校世界史课程体系改革、调整和设置提供了依据。2019年1月，习近平总书记致中国社会科学院中国历史研究院成立的贺信为高校世界史教学和研究指明了方向。

一、加强世界史课程教学的重要作用

随着中国与世界交往的日益密切以及对外国历史知识需求的增长，真正实现“以本为本、四个回归”的教育理念，不断提升本科教学水平和人才培养质量，加快推进一流学科和一流专业建设，提升我国高校世界史教学和研究水平以满足现实需要就成为必然要求。

首先，中国和平崛起和社会发展需要大量的世界史专业人才。经过40余年的改革开放，中国国力和国际影响力不断增强，尤其是近年来，随着全球化的日益加快和中国的和平崛起，中国与其他国家之间的交往日益频繁密切，中国的海外利益也日益增多，尤其是“一带一路”开展以来，需要诸多掌握世界史知识的专门人才对丝绸之路沿线国家的风土人情、历史文化、政治局势和经济发展进行深入研究。对此，高校在促进我国国民进一步了解和认识世界、培养大量掌握世界史知识的专门人才的基础上，为“一带一路”的推进提供人才保障和智力支持。其中世界史学科将发挥无可替代的作用。

其次，加强世界史课程教学有利于提升大学生思想道德水平和增强爱国情感。世界史有着丰富内涵和广阔的全球视野，可以为大学生爱国主义教育和思政教育提供生动翔实的历史素材。如世界近代史可以帮助学生深刻地理解为什么在向近代转型过程中，原本发达的中华文明一步步落后于西方？新航路的开辟给西方带来何种影响？中国古代四大发明在影响中西历史进程中为什么会产生巨大的现实反差？凡此种种，通过世界史教学，进行中西对比，不仅能促使学生深入了解我国悠久的历史和提升对一些重大历史问题的认识（如近年来中美贸易摩擦的本质，英美霸权和平转移对当下中美关系的构建所带来的启示和借鉴），更能增强学生的爱国情感，提升学生的道德情操。

世界史课程教学不仅有利于培养大学生的现代公民意识，而且能促进文明之间的交流和发展。2019年5月，习近平总书记在亚洲文明对话大会上发表的主旨演讲中指出："当前，世界多极化、经济全球化、文化多样性、社会信息化深入发展""要加强世界上不同国家、不同民族、不同文化的交流互鉴，夯实共建亚洲命运共同体、人类命运共同体的人文基础"①。因此，培养具有竞争意识、开放意识、合作意识、国际意识和全球视野的现代大学生就显得尤为重要，让学生了解人类文明的多样性，以开阔的视野、开放的心态看待世界，吸纳人类共同创造的文明成果，增强国际意识，摈弃狭隘的民族主义，这正是世界史在高校合格人才培养中的又一个重要作用。

二、西部高校世界史教学现状

高校世界史教学是历史学课程教学的重要组成部分，世界史通史课程是历史学专业学生的主干课，其重要性不言而喻。加强高校世界史教学不仅是我国社会经济发展的现实需要，更是培养具有现代公民意识的大学生的重要途径。据笔者了解，目前，在我国西部高校，由于受地域、学科等

① http://www.xinhuanet.com/politics/leaders/2019-05/15/c_1124499008.htm

因素的限制，世界史学科的受重视程度与社会现实需要之间存在较大差距，世界史课程教学也存在诸多问题，主要表现为：

第一，世界史学科受重视程度不够。在我国西部高校中，世界史学科和其他学科相比，受重视程度不够，其主要原因为：西部高校在历史学学科建设和课程设置中，偏重于局域史和民族史，这就导致世界史课程在整个历史学专业课程体系和培养方案中设置较少，主要开设“世界古代史”“世界近代史”“世界现代史”等基础性课程，而有关世界史方面的专业选修课和全校性公选课基本不开设或开设门数较少。

第二，教学观念相对陈旧，教学方法比较单一。在世界史课程教学过程中，大多数教师采用传统的灌输式教学方法，注重对历史事实的讲解和陈述，而缺少对历史问题的多样性解析和创新，尤其对近年来我国一些高校的最新教学改革成果，如混合式教学、翻转课堂、智慧课堂、慕课、“雨课堂”等线上线下相结合的现代教学模式缺乏深入了解和研究，亦不能因课制宜选择课堂教学方式方法，科学合理设计课程考核内容和方式，导致学生学习主动性不强、学习兴趣不高，教学效果不佳。

第三，教材相对陈旧、内容庞杂。目前，全国很多高校在本科世界史教学方面所使用的教材是由高等教育出版社出版的《世界史》（六卷本），该教材时间跨度长、涵盖范围广，涉及国家、事件、人物众多、内容庞杂。此外，世界史课程教学时数在培养方案中设置较少，如此一来，世界史课程教学任务重，但教学时数短，这不仅对任课教师的教学方法和教学设计提出了更高要求，同时也对世界史教材的编写提出了更高要求——既全面又简洁，既实用又有深度。

第四，从事世界史教学和研究的人才短缺。在我国西部高校中，世界史教学和研究人员短缺是一个普遍现象，也是一个非常突出的问题，即从事世界史教学的教师不仅少且分散，难以组建教学团队。这就意味着，西部高校世界史专业要想建立同一级学科地位相称的学科和专业，必须大量补充和培养世界史人才。

三、世界史课程教学方法的改进

综上所述，可以看出，尽管加强高校世界史课程教学已成为社会发展的需要，更是培养合格大学生的现实需要，但目前我国西部高校在世界史课程教学中存在诸多问题，需进一步改进，笔者结合自身教学实践，提出以下改进措施：

首先，在高校，教学、科研和学科建设是相辅相成、有机统一，缺一不可的，但三者最终要服务于人才培养，而人才培养质量主要取决于师资队伍的建设。因此，要改变西部高校世界史师资力量短缺的现状，一方面可以通过学校内部培养和外部引进的途径来解决，即学院可选派年轻教师外出读博或进修，以提高学历、教学和科研水平，或通过学校引进人才政策引进高学历、高水平世界史专业人才；一方面可整合学校现有的教学资源，跨学科、跨院系地发掘世界史师资力量，如可聘用外国语学院、研究所等单位从事世界史专业研究的老师从事世界史教学，以弥补世界史师资队伍的短缺。

其次，以2018年教育部出台的《普通高等学校本科专业类教学质量国家标准》为依据，调整和优化世界史课程体系，更好地提高人才培养目标的达标程度和社会适应度。目前，很多西部高校给历史学专业本科生开设的世界史课程比例较低，主要以通史类为主，这样的课程设置不能满足对世界史感兴趣的学生从课堂教学中获得更多的世界史专业知识的需求。因此，在历史学专业本科教学中，除开设通史课以外，应适当增加近年来发展较为成熟的世界史方向课程和贴近当代世界状况和现实需要的选修课，如“西方文化史”“英国史”“美国史”“国际关系史”“中亚史”“欧洲史”“中东史”“中亚史”“现代化比较研究”“当代世界政治与经济”“国际关系理论”等。除此，还应开设世界史公选课以满足非历史专业学生对世界史知识的需求，增强他们的人文素养。对此，开设全校性选修课就显得非常有必要。

最后，世界史教学人员应不断改进教学方法，提高教学水平和自身人文素养。世界史课程教学难度大、课程内容时间跨度长、空间范围广，对外语水平要求高，这就要求从事世界史教学的教师需要不断提高自身知识水平，并要经过较长时间的教学实践和钻研，才能达到较好的教学效果，而学习世界史课程的学生也必须通过不间断的学习才能清晰地认知某些问题。世界通史课是世界史课程中的重中之重，世界通史课教学直接关系到学生对世界历史的整体把握以及对其他世界历史课程的理解。对此，笔者认为世界史课程教学者应注意以下几点：

（1）从事世界史教学者在教学过程中应重视整体史观或全球史观。

在当代，世界发展呈现出全球化和整体化趋势，尤其是20世纪后半期以来，这一趋势愈加明显，其根本原因是生产力和科技革命以及当代社会经济的发展。二战后，一些西方学者开始用全球史观的宏大视野来重新考察整个世界历史的发展进程。其中，最具代表性的成果便是英国历史学家杰费里·巴勒克拉夫在1955年发表的《处于变动世界中的历史学》[①] 一书。在此书中，他提出不能仅用西欧观点来解释历史，而要用更为广阔的世界史观来解释历史。1976年，在其撰述的《当代史学主要趋势》[②] 一书中，

---

① Geoffrey Barraclough, *History in a Changing World*, London,1955.

② 杰费里·巴勒克拉夫:《当代史学主要趋势》，杨豫译，上海：上海译文出版社，1987年。

明确提出了“全球历史观”。在巴勒克拉夫全球史观的影响下，世界史重构接连不断。其中在1992年，由吴于廑、齐世荣先生主编的世界史（6卷本）教材中便采用了全球史观。因此，世界史教学者在授课过程中应从宏观上把握世界历史发展进程，给学生讲清楚人类文明如何由“点文明”到“面文明”，在新航路开辟之后，又如何一步步由各地区间的相互闭塞到逐步开放，由彼此分散到逐步联系，最终发展成为整体的世界历史这一客观过程。重视整体史观或全球史观不仅可以避免将世界通史讲成国别史或断代史，而且也顺应了时代发展的形势和需要。

（2）在世界近现代史教学中应重视中西文明和现代化比较。

中国历史是世界历史的重要组成部分，因此，在世界史教学过程中，不应人为割裂中国史和世界史，相反应加强世界史与中国史的互动，世界史教学者应重视从世界史角度对中国史问题进行解读，以加强学生对中国历史和中国国情的深入了解。如通过对中西文明的纵向和横向比较，让学生更加直观、清晰地认识到：近代以来，中国为什么会一步步落后于西方国家，西方国家有哪些值得我们学习和借鉴的成功经验和启示；又如在讲述近代中日改革成败原因时，可详细分析近代日本为什么会“毕其功于一役”，经过戊辰战争、明治维新，逐渐摆脱了半殖民地半封建社会，而中国在近代也经历多次改革，但为什么多以失败而告终，最终沦为半殖民地半封建社会直至1949年中华人民共和国的成立。通过分析比较，不仅使学生对近代中日两国社会深层次结构有了较为深刻清晰的认识，也让学生认识到只有中国共产党才能救中国，只有中国共产党才能领导中国革命取得成功，中国共产党最终成为中国执政党是中国人民的选择，是历史的选择。总之，在世界史课程教学中，重视对中西文明和现代化比较，可以起到用中外历史现象进行相互说明和相互印证的作用，突显世界历史发展的基本趋势和基本规律。

（3）在世界史教学中，应突出资政育人的功能。

其实，历史学的本质便是资政、借鉴功能，即观往事以说明现在，鉴陈迹而明事理，以垂训后世。对此，无论是中国古代著名历史学家——司马迁所提出的“究天人之际，通古今之变”，还是古希腊历史学家希罗多德对希波战争爆发原因的分析，以及修昔底德在《伯罗奔尼撒战争史》中对雅典和斯巴达发生战争原因的深刻分析，均体现了历史学的资政、借鉴功能。目前，我国正处于一个以现代化为主题的时代，民族复兴、国家和平崛起处在一个关键时期，尤其是近年来，随着“一带一路”的推进，我们更应该深入了解西方国家在发展、崛起过程中所取得的成功经验以及存在的失误，为我国当前社会经济发展提供历史经验。而作为西部高校的世界史教学者，应突出对我国西部接壤的邻国历史的了解，如在备课、授课过程中，应加强对中亚国家，“一带一路”沿线国家历史的讲述，使学生深入理解我国“一带一路”倡议的重要意义。总之，世界史教学者在教学和研究中，应重视对历史发展规律的探索，对近现代以来世界舞台上大国兴衰历史经验的总结，以服务于国家社会经济发展和国家战略之需要。

（4）世界史教学应重视教学方法的不断改革。

目前，在很多西部高校世界史课程教学中，教师教学方法比较单一，学生学习兴趣不高，故改进教学方法就显得非常迫切。对此，西部高校世界史教学者一方面应充分利用访学、进修之机，向中东部高校世界史同行多交流、多学习，学习他们先进的教学方法和最新的教学改革成果，如四川大学的智慧课堂，开放式、无标准化答案考试，充分发挥学生的发散思维，不断提高学生的创新能力和解决问题、分析问题的能力。

此外，应重视对学生学习过程的考核，科学合理设计课程考核内容和方式，不断提高课堂教学质量。根据笔者观察，目前高校中一部分学生学习自主性不强，忙于修学分，应付上课，上课时忙于记笔记，平时不复习、不预习、不思考，考前忙于背笔记，学习效果不好。因此，教师应不断改革教学方法，逐步培养学生自主学习能力，改变过去教师“讲”学生“听”的被动局面。对此，世界史教学者应重视讨论式、启发式和情景式教学，根据笔者经验，可以把学生分成兴趣小组，根据讲授内容，设置教学问题，引导学生查阅资料，进行课堂讨论，培养学生自主学习能力；此外，可进行情景式教学，在讲述一些特定内容时，如讲授德黑兰、雅尔塔会议、纽伦堡审判和东京大审判等教学内容时，可将学生分成几组，让学生模拟当时情景，进行讨论和辩论，以激发学生学习兴趣。这样，既可使学生从倾听者变为参与者、教师从灌输者转变为引导者，也能充分发挥教师的主导性和学生的主体性作用。

在课程考核方面，应改变过去期末考试单一考核方式，重视对学生学习过程的考核，即平时给学生布置读书笔记和指导学生撰写小论文；在期末考核时，可适当增加开放式和无标准答案式考题，这样既可培养学生独立学习、自主学习的能力，又可培养学生分析问题和解决问题的能力。

总之，不断引进世界史研究领域中最新的成果，不断探索世界史课程教学的方式，不断提高教学水平和培养质量，是从事世界史教学者应尽之责，也是适应新时期我国高等教育发展趋势的必然之举。

“世界古代史”课程教材选用与历史观选择

靳艳
（西北民族大学历史文化学院，甘肃兰州）

摘　要：在马克思主义辩证唯物史观基本理论指导下，在学习世界古代史具体进程时，包括全球文明史观、区域史观和革命史观在内的各种史观都值得重视。根据实际教学内容，具体问题具体分析。

关键词：世界古代史；教材；史观；选择

“世界古代史”是历史学专业基础课程。根据学科特点和民族院校的教学实践，在教学过程中建立对历史现象进行综合研究的理念，形成宏观构架与知识点相结合的教学体系和方法，优化基础课程教学十分必要。

根据“世界古代史”学科特点，在讲授世界古代史时，我们所秉承的历史观首先是马克思主义辩证唯物史观，在基本理论的指导下，我们在讲解具体历史进程时，包括全球文明史观在内的各种史观都值得重视。根据实际教学内容，具体问题具体分析。

一、“世界古代史”课程教材选用

（一）“世界古代史”课程教材的选用

“世界古代史”课程是历史学专业必修的基础课，是世界历史教学的重要组成部分。世界古代史学科本身具有理论性强、空间和时间跨度大、内容丰富、难点多、疑点多等特点。在课程建设过程中，全国各高校世界史的教学都面临学科建设理念多样、教学体系混杂，教材内容不一的状况。因此，在世界古代史教学实践中，吸收史学界正在兴起的对历史现象进行综合研究的思路，组建与史观相结合的课程体系，是我们多年实际教学经验的总结。

目前，由于世界史学科建设理念上的多样，采用的史学观念不同，造成各类教材教学体系不同。不同版本的教材，其内容的安排不尽一致，论述的形式也有差异，所以一本教材已经很难满足教学要求。根据教育部的规定，自2016年以来，我们使用“马克思主义理论研究和建设工程”教材，即高等教育出版社出版的《世界古代史》上下册。我们以《世界古代史》编写组编写的《世界古代史》上下册为基本教材。同时指定朱寰先生主编的《世界上古中古史》，这本教材具有局部历史线索比较清晰、便于初学者学习的优点。此外，学生必备的参考教材有高等教育出版社出版的吴于廑、齐世荣先生主编的《世界史·古代史编》（上、下卷），它具有横向联系的整体世界观及对重大事件有详细论述的优点。还有米辰峰主编的《世界古代史》，这本教材对学界的新观点、新材料进行了充分吸收和运用。齐涛主编的《世界通史教程·古代卷》，体现了研究性学习与能力培养为主旨的特征。晏绍祥主编的《世界上古史》和孟广林主编的《世界中世纪史》是一个系列，这套教材将世界上古史划分为四个转变阶段，即原始时代（史前时代）、青铜时代、古典时代和帝国时代，着重叙述了世界古代文明的发展、演变，力图展现世界古代文明的“世界性”。在中古时期，则将重点区域与全局整体有机整合在一起进行考量。在史观选择上，本教材以文明史观为主，同时兼以整体史观，这也是本教材最为显著的特点。而且本教材在叙事上逻辑性强，适合初学者学习。在以上参考教材之外，同时给学生一份主讲教师编排的课程体系教学大纲及教学参考书目和思考题。

在教学讲授过程中，我们需要补充高等教育出版社出版的《世界古代史》上下册中有些内容简略的部分，尽量避免吴于廑、齐世荣先生主编教材《世界史·古代史编》（上、下卷）中完全以整体世界横向对比为主、涉及面庞杂、零乱且前后联系不紧密的缺憾，又要避免朱寰先生主编教材《世界上古中古史》里国别史堆积和历史纵向和横向联系较少的不足。

（二）“世界古代史”课程参考书目的选用

历史教学的本质与历史学科的特点密不可分，文献资料是历史学习研究的基础。提倡多元史观的前提下，在世界古代史教学过程中，首先遵循历史学规范和特征，提倡重视史料学习。教学过程中，注重从传递知识转变到培养学生能力，注重学生实践探究体验。指导学生阅读古典著作，通过阅读文献，引导学生进入探究性学习状态。同时配套选修课程“西方历史要籍选读”。给学生布置经典著作。如《荷马史诗》《摩奴法典》《历史》《伯罗奔尼撒战争史》《上帝之城》《查理大帝传》《高卢战记》《内战记》、塔西佗的《编年史》、亚里士多德的《政治学》、印度史诗《摩诃婆罗多》和《罗摩衍那》等著作；另外，布置现代学者对古代历史的研究成果，如罗伯特·布雷德伍德的《农业革命》、芬利·虎珀的《希腊的现实》、海斯、穆恩、韦兰的《世界史》、汤因比的《历史研究》、金寿福的《永恒的辉煌：

古代埃及文明》、陈恒的《希腊化研究》、黄洋和晏绍祥的《希腊史研究入门》等等。既要注重专业学习，又要提倡通识教育，开阔学生的视野和思维。

二、“世界古代史”课程历史观选择

（一）用文明史观解读古代世界历史

过去我们曾用单一史观对历史现象进行分析，在20世纪80年代以前，中国的世界史课程教学以革命史观为指导思想，按几次重要的革命事件划分世界历史进程。在此背景下，中国的世界史学科建设最初也是以民族国家为主线，国别史作为研究框架。20世纪80年代以来，多元化思想不断在解构传统的革命史观与西方中心论思想，提倡文明史观和整体史观。中国的世界史学科建设的视野趋于宏观，注重了现代化的历史发展进程、文明及文明交往的历史进程、由分散到整体化的历史进程，研究领域趋于广阔。目前我们的各种教改，包括“马克思主义理论研究和建设工程”教材，涉及内容都是把文明史作为一个通史编纂体例和教学内容框架。

文明史观要求观察和评价历史的标准要建立在文明和文化进步的基础上，既要承认人权和民族权利，也要承认人类文明的推进和制度、科学技术、文化艺术的创造，用文明的标尺来衡量各个地区、各民族的发展程度和进化阶段。冷战结束苏东阵营解体，全球一体化日益发展的今天，世界格局的变动呈现出区域化与多元化的倾向。其中不同种族、宗教、文化之间的交往与冲突也逐渐成为文明交流的形式。亨廷顿在《文明的冲突与世界秩序的重建》一书中认为当今世界格局的决定因素表现为七大或八大文明，即中华文明、日本文明、印度文明、伊斯兰文明、西方文明、东正教文明、拉美文明，还有可能存在的非洲文明。冷战后的世界，冲突的基本根源不再是意识形态，而是文化方面的差异，主宰全球的将是“文明的冲突”。不论其观点是否全然正确，但在当今世界、不同区域与文明之间的交流及其复杂性越发地进入人们的视野当中。现实是历史的延续。因此厘清古代诸文明之间交往、碰撞的历史脉络，研究不同文明发展的历史就是了解现实。

“世界古代史”教学体系按古代区域文明板块分类，在讲授过程中和其他区域、其他国家进行横向对比，处理好国别史与世界史的关系问题。在具体授课体例的操作上，把上古世界历史课程分为三大板块：原始社会；古典文明（上古西亚、上古埃及、古代希腊、古代罗马）；古代东方（上古印度和古代中国）。世界中古历史分为历史上的几次民族大迁徙；中古西欧（中世纪的法国、英国、德国、意大利、西班牙等国）；中古东欧（拜占庭、基辅罗斯）；中古东亚及南亚（日本、朝鲜、印度）；阿拉伯帝国和蒙古帝国几个板块。在讲授程序上，以区域为板块，讲述文明的形成、演变、传承和交流的各种形式、各种政治形态，探寻多元文化。

（二）用整体史观阐释古代文明现象

由于古代政治意义上的国家与近代民族国家相比没有严格的边界，其政治经济外交关系同样无法与近代以民族国家为单位的职业外交相提并论，再者民族国家之前的各个国家、各种文明之间的种族、文化、宗教关系总是复杂多变的。因而传统的国别史，抑或是国家之间的比较史学研究框架已然不能满足学术发展的需要。从跨文化、跨文明的视角研究历史发展显得尤为必要。

因此，在“世界古代史”的教学研究中，我们主张采用整体史观阐释古代文明现象。整体史观主张：一要平等地承认和评价世界各民族都为人类文明做出了独特的贡献，具有各自的意义和价值；二要超越近代欧洲兴起的民族主义立场和叙述视野，超越国别史的狭隘立场，用全人类和全球的立场观察世界历史。只有这样，才能把世界古代史当作一个有机整体，揭示各历史事件的关联、个体与总体的联系。反之，就会如英国著名史学家杰弗里·巴勒克拉夫在《当代史学主要趋势》中指出的：如果“历史学家忽视了从更加广阔的视野来看待世界历史，他们便会有回到知识孤立主义中去的危险，必然会阻碍他们更加深刻地认识西方世界和非西方世界的历史发展进程”。

同时，注重同期各文明的交流融合，课程贯穿整体史观，即世界历史由分散到整体的历史进程。如讲上古西亚文明时，讲到上古西亚苏美尔时期、巴比伦时期、亚述时期、波斯帝国时期，对比上古埃及的历史进程，对比上古西亚和上古埃及各自文明的特征。讲古希腊罗马文明时，首先讲西亚文明与埃及文明是西方古典文明之根，在语言、文字、艺术、政治各方面对希腊的影响，说明文明不是孤立存在的。又从亚历山大东征形成希腊化到后来的罗马帝国时期，西亚、埃及融入希腊罗马为主体的古典文明圈，属于上古地中海文明的一部分。到中世纪，重新裂变组合。西亚、埃及又融入伊斯兰教文明圈；罗马帝国分裂后的拜占庭帝国和在西罗马废墟上建立的日耳曼人国家属于基督教文明圈。这样使区域划分和整体演进相辅相成。

注重中外历史的比较联系。注重世界史与中国史的互动互见、融会贯通。世界古代史课程中由于课时的局限，不单独讲解中国史（因为中国古代史有专门的独立的课程“中国古代史”）。但是我们在讲授世界各国、各区域文明时都会和中国历史进行比较，相互对比的目的，既寻找历史发展的规律和共同的方面，又找差异及差异产生的原因，进一步认识文明特征。近代以来中西交通史等有关学科兴起，使中国人对世界文明史进一步了解，对于西方的理解和评价也更加深入和客观了。有了参照对象，有了对比，中国人对中国文明史的评价和理解加深了，进一步认识中国上古国家制度的特点，进一步理解中华帝国的制度建设在政府的平衡牵制、官僚队伍选拔和管理的先进性方面居于同时期世界先进地位。参照中国春秋战国以来政治观念遵循独尊儒术、以孝治国等世俗政治理念，对照了解西方中世纪的封建制及基督教政教纷争、教皇政治，对比中东等地区的政教合一制度，了解各国早期文明的特征。在世界历史的总的价值叙述中，应承认历史叙述和历史评价的个体性、独特性和时代性。

（三）区域史观解析古代世界历史

以整体文明史观解析古代世界历史的进程，并不意味着排斥其他史观，因为任何一种史观都不可能解释概括丰富多彩的历史，历史现象既有共同点和基本趋势，又是有个性的、是多元的。我们反对西方以近代文明为基准，试图把世界各国都纳入他们的基本价值和理念体系中来的全球化和整体化。

而且全球一体化日益发展的今天，世界格局的变动呈现出区域化与多元化的倾向。其中不同种族、宗教、文化之间的交往与冲突也逐渐成为民族国家间交往之外的交流形式。这些交往与冲突的根源在古代世界已然存在。区域史要求我们依然要重视立足本国家、本地区的发展历史。承认各民族国家和多民族国家的文化都具有其自身的独特性，既要有宏观叙事，更需要具体的区域地方特征的表述。

西北民族大学地处我国西北地区，进行中国西北边疆与中亚、西亚、东欧地区及地区间的跨文化研究，厘清中华文明与不同文明之间交往、碰撞的历史脉络是我们学习的不可缺少的部分。根据学科建设的要求，根据民族大学的特点，区域史依然是我们关注的重要部分。

（四）对革命史观不容忽视和回避

人类历史是通过不断的革命斗争推动社会演进的历史，文明兴衰都经历了激烈的革命和血雨腥风的社会搏斗，这是不容忽视和回避的历史事实，这就是革命史。它要求客观地承认一切人类社会都存在社会的分层，承认有阶级对立以及利益分歧和斗争。马克思主义基本原理是叙述革命史的根本指南。譬如斯巴达克起义加剧了罗马奴隶制社会的经济危机，加速了罗马政权由共和制向君主制的过渡。英国资产阶级革命是划时代的历史事件，英国摆脱封建专制统治，确立了议会权力大于王权的君主立宪制，为资本主义发展、为工业革命开辟了道路，从古代进入近代世界，不仅改变了英国，也改变了世界。明确革命史的叙述不妨碍社会阶层阶级的相互依存，也不妨碍社会和谐观念的存在与提倡。

综上所述，世界古代史教学与研究应该并重以上历史观。

民族高等院校历史教学方法改革的几点经验总结

——以“世界现代史”课程为例

王桂莲

（西北民族大学历史文化学院，甘肃兰州）

摘　要：鉴于民族高等院校自身的特殊性以及历史学教育与其他学科的差异性，教学方法改革既具有必要性，也具有重要性。在近几年的教学过程中发现，以下三种方法颇具成效。首先，通过课前预习法培养学生自学的能力。其次，通过历史情景剧法调动学生学习的兴趣。最后，通过文献阅读与讨论法锻炼学生的独立思考与判断能力。当然，教学改革是一项复杂而艰巨的任务，需从各方面同时入手，科学设计。唯有如此，才可以真正发挥各种教学方法的优越性。

关键词：教学方法；课前预习；历史情景剧；文献阅读

教学方法的科学运用与改革是我们成功开展高等教育的关键所在，这在极具特殊性的民族高等院校更是如此。民族高校是我们高等教育的重要组成部分，其最大的特点在于学生的民族构成极为复杂，来自汉族、蒙古族、维吾尔族、藏族等56个民族的学生共同走进这一个大家庭。由于各民族地区之间、东西部地区之间的经济水平、语言风俗、初等教育内容和教育模式的差异，民族高等院校中学生的知识层次、语言和文化方面存在着普通高等院校所难以想象的复杂性和差异性。因此，民族高等院校的教学改革必须从自己的特殊情况出发，因地制宜，切不可照搬普通高校的所谓成熟经验与做法，否则必定会水土不服。

除了民族高等院校自身的特殊性之外，历史学教育与其他学科的教育也存在着巨大的差别。历史学教育不仅仅是注重对历史知识的传授，更在于对历史思维能力的养成。更重要的是，历史学教育还兼具德育的功能，通过客观而合理地评定历史问题，以便形成正确的人生观和价值观。历史学教育的这种特殊性决定了民族高等院校的历史教学改革必须注意以下两点。

第一，民族高等院校的历史教学必须重视基础知识的传授。一直以来，对于高校历史教学是以知识传授为主，还是以能力培养为目标充满了争议。就民族高校来说，基础知识的传授必须占据主导地位。因为民族高等院校中，少数民族的学生占据了主导位置，他们在基础教育方面确实与汉族学生存在较大差异，对基础知识的掌握尚不能够自如地应付高等教育的课堂要求。事实确实如此，从教六年来笔者先后对20多个班级的学生做了相关历史基础知识的调查和摸底。结果远比笔者想象的还要严重，班上近一半的学生对一些基础的历史知识毫不知情，这里面汉族学生也占了一定比例。举例来说，当问到《共产党宣言》发表的时间与背景时，除了少数几位同学能说出大概的时间以外，其他同学都是知其然而不知其所以然。诸如此类的例子，不胜枚举。事实说明，民族高校的学生基础历史知识确实比较薄弱。所谓“不积跬步，无以至千里”，如果基础历史知识都尚未掌握，又怎能妄谈历史思维和能力的培养呢？只有在把基础知识夯实之后，学生才能逐渐学会分析历史事实，得出相应的历史规律，否则就是“巧妇难为无米之炊”。

第二，民族高等院校的历史教学必须格外注意学生的民族和宗教情感。由于民族高等院校的学生在民族、宗教、语言和风俗等方面存在差异，而历史教学往往涉及对民族和宗教等相关问题的讲授与讨论，在此我们需要格外留意，不能够伤害学生的民族情感，更不能否定或者贬低其信仰。比如，当我们讲到十字军东征时，必然涉及基督教和伊斯兰教，此时我们必须秉持一颗客观而公正的心，为双方做出客观和公允的评价。而对于历史上所谓“蛮夷”的说法，我们更是要给学生说明这种说法的由来和历史背景，并澄清我们对此的客观评价。更重要的是，我们需要告诉学生要分清历史与现实，站在客观的立场上去看待历史问题，以免一些学生对号入座，发生不必要的冲突和矛盾。

历史教学方法改革的重要性自不待言，但对于怎样在民族高等院校有效推进改革，到目前还未有现成的经验来推广。作为民族高等院校的一名历史学教师，笔者近几年在“世界现代史”课程教学过程中，对于如何改革教学方法做了一系列的积极探索与尝试，现就一些成效显著的教学法做一具体说明，希望对各位同仁有所帮助。

一、课前预习法——培养学生自学的能力

课前预习的重要性无须赘言，对于民族高校学生积累基础知识更是意义非凡。课前预习的做法早已有之，但究竟怎样有效地去具体实施却存在诸多不同的看法。想要课前预习取得理想的效果，建议从以下三个环节入手。

首先，授课教师要合理而明确地布置预习任务。很多老师往往是在下课时笼统地告诉学生，课下自行预习下节课的内容。学生盲目地预习，结果往往是毫无效果。最好的方法是，老师给出具体的预习任务，明确学生预习所要完成的目标，给学生一个预习提纲。比如，在要求学生预习苏联社会主义改造和建设这一节时，笔者会要求学生做预习笔记，笔记必须要将工业化和农业集体化的具体过程清晰整理出来，还要明白苏联工业化方针的内容，最后还要写出自己对苏联社会主义改革的认识，必要时标出自己的疑惑之处。需要注意的是，我们必须要求每一位学生独立做预习笔记，严禁简单抄袭，否则扣除相应的平时成绩。另外，考虑到学生思维方式和写作习惯的不同，我们衡量预习笔记的标准不能简单、死板。只要学生独立完成了预习的具体任务，不论其形式如何都应该给予肯定和表扬。

其次，要采取多种措施检查学生课前的预习。一方面，我们任课教师要认真检查学生的预习笔记，课堂抽查或者课后普查的方法都可以。为了避免出现学生用笔记来敷衍和应付，而没有用心记忆的现象，我们有必要对笔记的内容进行课堂抽查。我对学生预习笔记的要求是，笔记的形式和内容不必统一，但是每位同学必须熟练掌握自己笔记的内容，如果抽查发现学生只是将教材的内容落在纸上，而完全没有独立掌握，则一律按照没有预习处理。另一方面，我们在讲授相应的内容时，要选择恰当的问题让学生来回答，以便检查学生的预习效果。需要注意的是，教师提出的问题一定是教科书上有明确答案，又比较简单的类型。如果仍以前面的预习内容为例，我们在讲到苏联工业化时提问学生，二战前苏联一共完成了几个五年计划。

最重要的是，教师必须制定明确的奖惩措施，鼓励和督促学生积极开展课前预习工作。考虑到学生最在乎成绩，最好的督促办法就是将课前预习与平时成绩相挂钩。为了更好地鼓励学生认真复习，我们建议实行优加差减的方法。也就是说，我们首先为学生统一规定一个基准分，80分左右皆可，而每次预习的相关检查计为1分，表现优秀加1分，而表现差则倒扣1分。当然，这意味着我们要认真做好每次的检查记录。到学期末，对于由于课前预习导致平时成绩不过关的学生，坚决不予以通过。

二、历史情景剧法 —— 调动学生学习的兴趣

一般来说，所谓情景教学模式是以案例或情景为载体引导学生自主探究性学习，以提高学生分析和解决实际问题的能力。这种教学方法是活跃课堂气氛，增加课程吸引力的有效方法。这种教学方法的运用对历史学教育可以说是恰如其分。一方面，历史学本身为我们提供了丰富的历史题材与内容；另一方面，历史学教材缩减了历史史实的内容，需要情景教学法补其所短。

首先，历史情景的选取必须科学合理。拿“世界现代史”课程来说，其基本涵盖了整个20世纪的人类历史，内容非常丰富，但这并不意味着任何一个问题都适合开展情景教学。我们必须选取那些意义重大，但同时持续时间短、场景变换少、故事性强且具体史实基本明确的事件。举例来说，第一次世界大战虽然意义重大，但是持续时间太长不宜选择，而巴黎和会则是一个不错的选择。巴黎和会本身就是教学的重点，而且相关史实明确、场景单一，相关的影视剧也比较多，有助于学生课下准备。更重要的是，和会涉及中国代表团与五四爱国运动，对于学生来说也比较有吸引力。当然，巴黎和会持续时间也比较长，但是我们不可以进行全程的演示，而只需要学生生动演绎出英、法、美等国的不同主张、他们争议的焦

点与和会的最后协定即可。

其次，历史情景剧必须以学生参与为主体，充分发挥学生的主动性与积极性。教师在选取好恰当数量的历史题材后，必须突出学生的中心地位，尊重学生的意见，由学生根据兴趣，自行从其中选择一题。需要强调的是，为了打消某些学生偷懒逃避的想法，我们必须在自愿的基础上，确保每一位学生都要参与其中。在明确具体的表演任务后，老师要给予各组学生充分的准备时间，而后由各组学生利用课余时间开展后续工作，老师只提供咨询与辅助性建议。之所以这样，就是为了逐渐培养学生的自学能力与独立思考意识。它意味着，学生们必须掌握基本的历史史实，查阅大量的档案或学术论著，甚至观看相关的影视剧作，而后自己编写台词、分配和选取角色以及排练预演。

最后，教师在历史情景剧演绎之后必须给予科学地点评与总结。教师首先要积极肯定同学的努力，明确表扬其可取之处，保持学生的学习热情。更重要的是，老师也需要指出其不足之处，尤其是要明确其表演是否准确而客观地展现了历史原貌。如果出现过分夸大或者背离史实的现象，老师必须及时指出，以免误导其他同学。等各组同学全部表演完之后，教师还要做最后的总结。需要指出的是，教师最好明确地将各组按照优劣进行排名，并将其作为平时成绩的衡量依据，给同学鼓励和刺激。

需要强调的是，考虑到学生历史情景剧准备工作的复杂性，体裁选取的数量不宜过多，建议隔几周进行一次即可。较为理想的一个办法是，在同学们自由组合的基础上，将全班同学分成6个小组，每三周安排一个小组进行表演。至于每个历史情景剧具体表演的时间，建议教师在完成相关内容的授课后随即开展，而每个短剧的时间则以10分钟为宜。当然，考虑到需要充足的时间来做准备工作，我们需要至少提前两周给学生布置表演任务。

历史情景剧法不仅有助于锻炼学生分析问题和解决问题的能力，而且还有助于培养学生之间的合作精神，收获友谊，甚至让一些学生获得信心，有了意外的收获。我院历史学某班的5位同学对壬申之乱历史情景剧的精彩演绎，不仅成功地完成了课堂任务，还在课下将其搬上了学院小品大赛的舞台，最后获得了二等奖的好成绩。

三、文献阅读与讨论法——锻炼学生的独立思考与判断能力

为了能在基础知识巩固的同时兼顾教学的深度和广度，满足学生对更高层次知识和能力获得的需要，我们要积极督促学生阅读相关历史文献。这里所说的文献，既包括原始文献，也包括学术论著。阅读文献的做法也早已有之，但是对于怎样有效地实施却同样是没有成熟之法。想要有效地推行文献阅读法，我们必须对于文献的选择、阅读以及读后检测等方面同时入手。

文献的选择方面，我们首先应该教会学生如何自行搜索文献。对于本科生来说，文献搜索是开展科研的前提。然而，很多学生对于如何查找文献却是懵懂无知。因此，我们要利用多媒体给学生展示如何全面地搜集到相关的文献资料。我们要把核心数据库以及关键中英文网站悉数告诉学生，并让他们详细记录下来。而后，我们要选取一个数据库，具体展示如何准确而全面地找到所需的资料。以“战时共产主义政策”这一问题为例，我们要告诉学生在将该内容输入搜索框后，怎样按照“标题”—“关键词”—“全文”的顺序从小到大地去界定搜索的范围。在查找到大量的

文献后，还需要告诉学生如何科学地筛选出高质量的文献资料，为后期阅读做好准备。比如，我们可以建议学生通过作者、作者单位、出版社或者文献期刊来源等方面第一时间选出高水平的学术论著。

文献的阅读方面，我们也需要注意以下几个方面。首先，布置文献阅读任务的时间要灵活掌握。如果是原始文献资料，我们建议要求学生在课前预习时就要自行阅读完；如果是学术论著，特别是学术文章最好在讲解完相应的内容之后布置给学生课下阅读。其次，就阅读的文献类型来说，原始文献和学术论著必须二者兼有。而具体到学术论著来说，我们建议考虑学生的整体课程情况。如果课程多、课外任务重，最好不要给学生布置学术专著的阅读任务，而是选择相关的学术文章。因为学术文章篇幅短、内容精炼、信息量大，阅读所需时间又不长，非常适合课余时间有限的学生。而阅读的数量，我们也要有明确的规定，一般以一周两篇为宜。当然，教师必须明确阅读任务，将具体的阅读问题详细列出。

当然，我们也需要时时检查文献阅读的情况。在此，我们建议采用以下两种方法。一种方法就是传统的课堂提问法，这需要老师事先统一规定具体的阅读任务，并完全掌握文献的内容。在提问学生时，我们也建议以细节为主，这样可以更好地掌握学生的阅读情况。另一种方法就是课堂讨论法。对于授课中的重要问题，我们要求学生自己用前述所授方法自行查找相关文献资料，并在课下完成文献的阅读工作。课堂上，我们要求学生根据所读的文献展开讨论。每位同学陈述完观点后，必须要将所依据的文献资料出处准确告诉大家。为了更好地开展讨论，我们也可以小组为单位进行。要求小组内部先自行讨论，对各位成员的观点进行归纳和汇总，并力争达成一致。而后每个小组推选一个代表将本组的观点与大家分享。如果出现各小组间意见冲突的情况，则鼓励小组成员课后继续查找资料，而后两小组进行二次深入地讨论，以最后达成一致。

需要特别说明的是，教学改革是一项复杂而艰巨的任务，必须从各方面同时入手。就笔者以上所说的几种方法来说，亦是如此。教师必须要合理地综合运用，偏废其中任何一个都不会取得理想的效果。下课前，教师需要布置明确的预习任务和阅读任务。上课时，我们可以先检查学生的文献阅读情况。课前预习的检测则可以留待授课之中进行，每当遇到恰当的机会，我们可以提问，并检查预习笔记。而历史情景剧的方法则每隔几周穿插进行即可。更重要的是，任何一种方法，我们都需要做好后续的监督和反馈工作，我们必须清楚地记录学生的各项表现，并切实与平时成绩挂钩。只有老师监督到位，激励机制合理，学生才能积极参与到我们的教学改革中来，也才能真正地发挥各种教学方法的优越性。

关于“世界古代史”课程教学的思考

张大丽
（西北民族大学历史文化学院，甘肃兰州）

摘　要：“世界古代史”课程学习难度较大。因此，教师需要合理利用教材，根据学生的知识储备情况规划教学内容；要在整体史观的指导下，说明古代文明发展的多元性，理清古代史发展的脉络；要不断改进教学方法和手段。学生也应该正确认识世界古代史课程的重要意义，加强自主学习。教学相长，才能取得更好的教学效果。

关键词：“世界古代史”课程；教材；教学内容；教学方法；自主学习

“世界古代史”课程是高等院校历史学专业学生必修的基础课程。它是世界通史课程首要的组成部分，其重要性不言而喻。世界古代史从时间维度看，起于远古时代，止于大约15世纪末，主要讲述了前资本主义时代的世界历史发展历程。这门课程在第一学年开设，分两学期讲授。学生在第一学期学习世界上古史，第二学期学习世界中古史。这样的进度安排是合理的。它充分考虑到了世界古代史基础内容多、理论问题多、理解难度大的实际问题。但据笔者观察，这门课依旧是世界通史类课程中最难学的，理想的教学目标和实际的教学效果之间似乎总有“距离”。本文拟结合个人教学实践略谈体会。

一、课程教材分析

国内的世界古代史教材多种多样。久负盛名的经典教材当属20世纪90年代出版的由吴于廑、齐世荣主编的《世界史·古代史编》(上、下卷)，简称吴齐本。自2017年以来，推广使用的教材是马克思主义理论研究和建设工程重点教材《世界古代史》(上、下册)，简称马工程版。2018年，马工程版教材第二版出版并投入使用。这几套教材皆由高等教育出版社出版，编写者也都是各领域的著名专家学者。吴齐本教材在整体史观的指导下，描绘了世界历史从分散走向整体的历程。章节编排兼顾了世界历史的横向发展与纵向发展。例如，“商周时期的中国和当时的世界”“公元前8世纪至公元前3世纪的世界”“汉代中国及其同时的世界”等章节内容把一定时期内的中国文明与世界其他区域的文明结合起来考察，分析当时的世界形势、不同文明的特点和文明之间的交往。这样的安排给学生以世界全局视野，这是该教材的一大优点。吴齐本教材的另一优点是严谨且基础知识丰富、扎实。但时至今日，这套教材也略显示出了老旧的一面，教材也存在若干瑕疵。例如，教材中提及新巴比伦王国国王尼布甲尼撒二世为其王后修建了一座“空中花园”，但这一说法是错误的。已有学者考证空中花园不在巴比伦而在亚述帝国都城尼尼微，而且其建造者也不是尼布甲尼撒二世，而是亚述帝国国王辛那赫里布。[①]

① 杨俊明:《关于高校世界古代史课堂教学若干问题的思考》，载《民族高等教育研究》，2015年第5期，第84页。

相较而言，马工程版教材在章节安排方面，比吴齐本简洁明了。例如，各上古文明都在一章之内完整介绍。而在吴齐本里，同一上古文明被安排在若干章节，以便和同一时间段内的其他上古文明横向对照。另外，马工程版教材每一章都有引言和小结，以及若干思考题。有的章节末还有二维码。例如，第二版马工程教材《世界古代史》下册第八章末的二维码，是供学生拓展阅读，以便更好地理解该章所述的农耕文明与游牧文明之间的交往和冲突的。在教材最后，还列举了一些参考文献，附有人名、神名和地名的英汉译名对照表。这些也都是吴齐本教材没有的。马工程版教材初版和第二版之间也有一些差别。例如初版第二十章为“大变革时代前夕的世界（16世纪）”，内容涉及文艺复兴、宗教改革、地理大发现和西欧国家的殖民掠夺等等。在第二版中，这一章已移除。从马工程版教材绪论和引言可见，它延续了吴齐本教材的做法，继续讲述世界历史的横向发展与纵向发展，强调世界历史从分散到整体的发展过程。二者都是集体智慧努力的成果。但马工程版教材有很多新意，是体现了时代风貌的新教材，融合了一些学者们的研究成果在其中。

在这些教材之外，国内还有一些教材颇有过人之处。例如，由顾銮斋、夏继果主编的《世界通史教程：古代卷》（第三版）2004年由山东大学出版社出版。这本教材的特点从其编撰体例可见一斑。教材分为上、下两编。上编为世界古代史的基本内容概述。每一章都分为引言、正文、导读、思考与讨论几部分。其中导读部分不是简单罗列参考资料，而是有对部分资料的简要介绍。下编则是专题式的分析世界古代史上的若干重大理论问题。例如城邦问题、古代的民主与共和、宗教问题、西欧封建制度等问题，且每一章也有类似上编的导读、思考与讨论部分。所以，这本教材兼顾了基础性和较强的学术性。

对于教师来说，在使用主教材的同时，应该参考其他教材，整合其中的优秀内容取长补短，来达到传授知识、启发学生、提升教学效果的目的。教师要讲授基本史实，但不能照本宣科。而且教师应在讲授基础知识的同时，把新近的研究成果、新的理论、研究方法引进课堂，以开拓学生的历史思维，提高他们的研究能力。因为教材一旦投入使用，其中的内容就固定下来了。但学界的研究却是持续推进、日新月异的。所以，教师应持续保持学习状态，备课应该常备常新。

对于学生来说，大一学生还属于通史学习的起步阶段，教材是他们基础知识的重要来源。学生要在切实打好基础的前提下实现思维的扩散、能力的培养、专业素质的提升。所以，无论是教师还是学生，都需要合理利用教材，发挥教材的引领作用。

二、课程教学分析

（一）合理规划教学内容

世界古代史教学应从学生实际出发。一些学生认为世界古代史学习难度较大。这与他们高中阶段相关知识储备的薄弱有一定关系。在高中阶段的历史课程中，世界古代史的内容并没有多少。笔者曾查看2007年人民教育出版社出版的高中历史教材，以便了解学生在高中阶段具体都接受了哪些与本门课程相关的知识。在三本必修教材中,《历史》必修1介绍了古代希腊罗马的政治制度。《历史》必修3有关于古希腊哲学的内容。在6本选修教材中,《历史》选修1介绍了雅典城邦发展和梭伦改革。《历史》选修4介绍了古希腊哲学家柏拉图和亚里士多德。《历史》选修5介绍了人类起源、克里特文明、玛雅文明和津巴布韦文明，并有历史学理论的基础知识，包括什么是历史、什么是历史学等等。《历史》选修6介绍了古代埃及和古代希腊罗马的历史遗迹。而在2017年人民教育出版社出版的高中历史读本《世界历史》中，第一章的内容为“人类的起源和早期文明”，对除上古中国之外的世界上古文明和原始社会做了比较简要的介绍。第二章的内容是“‘黑暗’的中世纪和欧洲社会的转型”，其中第一节概略介绍了法国、德国、意大利三国的由来，西欧封建制度、基督教和西欧文化。总体来说，高中阶段历史必修教材中，涉及世界古代史的内容非常少。学生对世界古代史的了解主要通过选修教材，且内容集中在上古阶段，尤其是古代希腊罗马文明。对世界中古史的了解就少之又少了。而大学世界古代史课程内容丰富、时间跨度大、空间范围广，且概念多、生僻词多，对外语的要求比较高。另外，古代史讲述的是遥远往昔之事，与现代有距离感。所以，当内容多、古、洋的世界古代史课程内容“扑面而来”的时候，一些学生难免会有压力。很多内容会让他们有陌生、复杂、难记的感觉。但是，也有部分学生通过自己的课外阅读或其他途径知晓了世界古代史的一些内容，甚至对某些学术热点问题和理论问题也有一定的了解。因此，课堂教学应该考虑到学生的不同需求，合理安排教学内容。

当然，大学阶段对历史学专业人才的培养模式、要求和目标毕竟不同于高中阶段的文科生。大学历史教育不是应试教育，而是专业教育、人文教育。因此，学生需要在认同角色转换的前提下，重视世界古代史课程学习，正确认识学习世界古代史的意义，摈弃历史无用论或功利主义，改变应试心态，以取得更好的学习效果。“对我们的自我认识来说，没有任何现实比历史更为重要的了。它向我们显示人类最广阔的天地，给我们带来生活所依据的传统的内容，指点我们用什么标准来衡量现世，解除我们受自己时代所加予的无意识的束缚，教导我们要从人的最崇高的潜力和不朽的创造力来看待人。”[①] 所以，追问历史是我们自我认识的途径。我们要从那些看似枯燥、无用、久远的历史中去求索、感悟、积累智慧。

（二）以整体史观为指导

教师应该有全局视野。在整体史观指导下，点、线、面兼顾。要讲明或者引导学生梳理世界古代历史发展的主要线索，把复杂多样的历史变动、文明生灭图景清晰地勾勒出来。世界古代史内容繁杂，千头万绪。包括原始社会在内的上古文明时间跨度几百万年。世界中古史空间范围广，包括东亚、南亚、西亚、东欧、西欧、北欧、非洲、美洲等众多文明区域。在有限的课时内，想要面面俱到是难事。所以，教师应该在讲清楚重大史实的基础上，引导学生建立起知识框架，把零散细碎的知识连接起来。在古代史阶段，各古代文明是相对独立发展的，这是由农本经济决定的。所以，教师的课堂教学要体现古代文明的多元性和特殊性，将古代文明各自的发展历程讲清楚。但是，世界古代史上有三次游牧民族对农耕世界的迁徙和冲击影响了当时的世界格局。这是一种对文明相对独立发展状态的重大突破，所以值得重视。第一次冲击始于公元前2世纪初，止于公元前1世纪中叶，主力为包括波斯人、印度雅利安人、阿卡亚人等在内的印欧人。梳理这次冲击，可以让学生把上古史阶段看似分散在各区域发展的波斯文明、印度文明、迈锡尼文明等联系起来记忆。梳理第二次、第三次冲击浪潮也有类似效果。从公元2世纪开始，止于公元7世纪的第二次冲击浪潮以匈奴人、日耳曼人、阿拉伯人为主力。这次冲击浪潮摧垮了亚欧大陆上的一些古典文明，例如西罗马帝国。而阿拉伯人的势力则在西亚、中亚、北非、西南欧得到发展。第三次冲击浪潮始于13世纪，主力是

① 田汝康、金重远选编:《现代西方史学流派文选》，上海：上海人民出版社，1982年，第36页。

蒙古人和突厥人，历时最短，但影响却不容小视。阿拉伯帝国、拜占庭帝国的衰亡就与此次冲击浪潮有关。

（三）改进教学方法和手段

首先，教师要适度改变传统的讲述法，灵活选取教学方法。例如，比较教学法。教师对各古代文明的讲授往往是以专题形式展开，或者是分区域介绍，容易忽略不同文明之间的对照观察。同时，由于中国古代史和世界古代史并行开课，中国古代史和世界古代史有人为割裂之嫌。所以，教师应当加强对比教学，让学生的视野更开阔。这既包括文明整体的对比，也包括具体领域的对比。既可以横向比较，也可以纵向比较。例如，荷马史诗和《吉尔伽美什》的比较；玛雅金字塔和埃及金字塔的比较；西欧庄园和日本庄园的比较；亚历山大东征与蒙古征服的比较；古希腊文明与古罗马文明的比较；汉帝国与罗马帝国的比较；东西方封建制的比较；中西古典文化比较；等等。总的来说，进行比较教学需要注意比较教学的特性，即“比较教学过程是教师和学生双边活动过程，学生的主动参与显得特别重要。”[①] 要通过引导学生对比，激励他们思考和发表看法，最终加深对比较对象异同的认知，加深对古代文明发展多样性和规律性的理解。

其次，教师应增加知识的趣味性，提高学生的学习兴趣。例如，在讲授日耳曼人的迁徙时，需要向学生解释“蛮族”的概念。如果由英语中的“barbarian”一词导入，就能较好地吸引学生的注意力。因为这个单词与古希腊语“barbaros”有密切关系。希腊人把不说希腊语的人称为“barbaros”。这个词也反映着希腊人和罗马人的民族认同意识。在介绍蛮族人中的一支汪达尔人（vandals）时，也可以向学生介绍与其相关的英语词汇，使其更直观地理解蛮族入侵和毁灭西罗马这一教学内容。“vandal”一词意为“故

---

① 郭福华：《历史比较教学论略》，载《历史教学》，2000年第8期，第40页。

意破坏公物者”，“vandalism”指的是故意破坏公共财物、恣意毁坏他人财产的罪行、破坏文化艺术品的野蛮行为。其中的历史缘由在于汪达尔人曾攻陷并洗劫罗马，造成了一定程度的破坏；在讲原始社会婚姻关系时，可以运用神话素材，例如神话中的兄妹通婚可用于解释血缘群婚。希腊神话中的雅典娜女神的故事可以用来解释父权制的确立；在介绍欧洲古老的爱琴文明时，可用忒修斯的故事解释爱琴海、米诺斯、迷宫名称的由来。

最后，教师需要用好多媒体这一辅助教学手段。教师可以利用多媒体向学生展示一些文物图片，讲解其中蕴含的历史信息。这样做的效果好过单纯的文字描绘，可以把历史直观、具象地展现在学生面前。例如，通过展示现存的古罗马道路里程碑和阿庇安大道，介绍罗马人的道路修筑技术及其务实精神；在介绍腓尼基人的字母时，用图片展示出从西奈字体到腓尼基字母、早期希腊字母、后期希腊字母、拉丁字母的演变过程，在此基础上，分析腓尼基字母出现的条件，以及希腊人对腓尼基字母的改进和创新，从而使学生更好地理解腓尼基人和希腊人的文化贡献，理解现在英语字母的由来。这也能让学生切实感受到学习古代史的意义，因为从字母的演变可以看出历史的发展是连续的。今天的世界之所以如此，往往要从过去寻找源头。此外，在课堂上，可以紧紧围绕教学内容，适度适时播放影视片段，以活跃课堂气氛，增进师生互动，达到更好的教学效果。例如，通过观看羽蛇金字塔的视频资料，看天象与建筑的巧妙结合，加深对玛雅人智慧的认知。但观看影视作品的同时，教师要介绍相关的背景知识，要引导学生分辨艺术加工信息与真实的历史，要提出问题供学生思考和讨论。

（四）注重学生自主学习

要重视学生的自主学习和专业训练。“历史学的学习和研究，最根本的还是要回到书本和资料上来，要想方设法指导、激励学生去阅读、分析文献，学会使用工具书，这应该是高校历史教学的重要任务，也是我们研究历史教学法的重要任务。”[①] 学生需要阅读一定数量的古代文献和近现代学者的著述，才能提高专业阅读、写作和研究能力。学生可以根据自己的兴趣爱好选读，教师也可以给学生指定主题和阅读书目。一段时间之后，教师可以组织学生以讨论课或者读书报告的形式来交流学习心得和成果。教师可就学生的读书报告、发表的观点进行点评，把结果作为平时考核的依据之一。这也能激励学生充分发挥主观能动性。

三、结语

“世界古代史”这门高校历史学专业必修课因内容繁杂、学生知识储备薄弱等原因而学习难度较大。笔者认为，在正确史观的指引下，教师若是优化教学内容，采用多样化的教学方法和手段，加强学生的自主学习和专业训练，必能取得更好的教学效果。

---

① 王健:《高校教学的理论探索与多维实践：省级历史学重点专业类建设教研论文选》，北京：知识产权出版社，2016年，第31页。

“西方历史要籍选读”课程教学的思考

靳艳
（西北民族大学历史文化学院，甘肃兰州）

摘　要：“西方历史要籍选读”课程是历史学专业的一门学科平台选修课程。课程目标在于研究西方史学的著述特色和学术意义。授课过程中，明确学科本质，制定学习目标，注重个体认知、关注主动建构，选择有效的教学方法，达到共同学习的成效。

关键词：“西方历史要籍选读”；教学；知识建构

一、明确学科本质　制定学习目标

首先，关注课改目标达成，增强学生学习能力和思维方法的进步。依据美国著名教育心理学家本杰明·布鲁姆（B. S. Bloom）提出的“课堂学习理论”的教育思想。教师要明确学科本质、制定学习目标、确定学习内容和学习手段。“西方历史要籍选读”课程是历史学专业的一门学科平台选修课程。课程目标在于研究西方史学的著述特色和学术意义。课程内容包括史著的历史背景，史家的生平思想，要籍的内容，尤其注重对著作的理解分析评价。学习内容包括恩格斯《家庭、私有制和国家的起源》、希罗多德《历史》、布洛赫《历史学家的技艺》等著作。

其次，教师和学生为了课程目标，共同努力共同学习。教师对所有学生制定目标课题后，设计讨论的问题。督促学生学习，调动学生的积极性。教师加强与学生的交流。尽管知识以语言符号通过物化的方式把它保存下来，但是这种形式上的相似，并不能代表学生学习过程的相同，更重要的是不能代表知识在学生头脑内部储存形式和运用上的相似。根据学生的学习基础，我们让学生自主选择要精读的著作。达成学习目标的同时，不能不顾及学生个体的既有知识基础，不能从以往的以学生为主体，直接转变为以目标为主体，提出的问题要考虑学生的能力水平，学习是双向的活动。比如，逻辑思维强些的同学选择精读克罗齐《历史学的理论与实际》和布洛赫的《历史学家的技艺》，不断提出疑问和质疑；有些同学选读《荷马史诗》和希罗多德的《历史》，梳理写作特色，学生在阅读了《荷马史诗》之后，对古希腊社会有了更为深入和全面的了解。他们根据史诗，多层面地解读希腊社会和英雄主义；有些同学整理恩格斯《家庭、私有制和国家的起源》的论断，通过阅读，意识到《家庭、私有制和国家的起源》的主要观点是根据什么材料得出的。

在当今以课程目标为重的教学环境中，依然不能忽略学习的主体——学生，也不能忽略学习的主导者——教师，学生的潜力需要教师的引导和激发，适当的教学方法可以激活学生的思维。具体的课堂授课效果，在于学生和教师认知能力的不断提高。

二、注重史学特征 注重知识性质转换

首先，注重史学特征，要求学生掌握史学的基本要素。熟悉历史发展阶段和历史分期，收集和解读历史研究的材料。了解学习译著中的史料来源。比如希罗多德《历史》的取材广泛，作者只是诚实地记载，并不加以考证。延展讲解修昔底德《伯罗奔尼撒战争史》的取材大多是经过作者的考证，战争是作者亲历的事件。使学生树立证据意识。关于史料的重要性，建议学生以后阅读法国学者勒华拉杜里《蒙塔尤》。《蒙塔尤》的由来全靠当时宗教裁判所审判异端的记录，而勒高夫可依据此史料重构一个小山村的历史世界。

其次，注重知识性质的转换。20世纪70年代以后，信息加工心理学家把广义的知识分为两大类：陈述性知识和程序性知识。教育心理学家安德森进一步说明，陈述性知识是个人具有有意识提取线索；程序性知识是个人无有意识提取线索，因而其存在只能借助学习者的写作表述出来。当然知识学习是一个复杂的过程，如果简单地把某种知识或学科理解为是陈述性的或程序性的是不准确的。实际上，只是在起初的学习中表现为是陈述性的，只有在进一步理解和运用的过程中这种知识也能够转化为一种程序性知识。因为对于历史学科的学习与教学来讲，它除了要学生掌握一些历史概念之外，也同样担负着培养学生能够运用已经掌握的历史知识分析和解决问题的任务，更为重要的是培养其创新能力。

知识的性质不同，其学习的过程也是不同的，这主要表现在知识学习的过程上，而不仅仅是知识的外在形式。陈述性知识的形成以学生的理解和记忆为核心，而理解的过程在建构主义看来就是一个学生主动建构知识的过程。比如，在课堂上，我们讲述恩格斯《家庭、私有制和国家的起

源》时，先让学生总结恩格斯对《家庭、私有制和国家起源》的论述，再探寻恩格斯著述的理论根据，进一步解读作为《家庭、私有制和国家的起源》蓝本的美国原始社会学家摩尔根的《古代社会》。梳理恩格斯关于雅典、罗马和德意志人国家起源的三种形式，除此，从学过的文明史的知识中总结，还有哪些类型。接下来介绍从原始社会到国家过渡过程的社会形态 —— 部落联盟。先让学生从概念史的角度，梳理中国学界和西方学界对部落联盟的解释，找出词源的意义，找出中西学界理解这个概念的共同点和差异；对部落联盟的内涵和意义进一步解释；接下来提出军事民主制与酋邦制度的概念。同学们经过争论，通过纠误、产生新的认知，达到合作学习的目的。比如在对克罗齐《历史学的理论与实际》和布洛赫《历史学家的技艺》的学习过程中，学生对历史概念、历史事件的过程以及对历史意义的理解只是完成了学习的一部分，更为重要的是通过讨论和写读书笔记使其成为一种教学实践和专业训练。通过阅读分析，同学们理解唯理性把知识看作为理性过程的结果，由此理解克罗齐对“历史”与“编年史”的解释，明白克罗齐的论述其实是针对历史史料和历史学家的关系而作出的诊断。

由是，在后续学习中，学生结成小组，选出要精读的著作，相互讨论。学习《荷马史诗》时，同学们不仅梳理出《荷马史诗》中反映的古希腊社会政治经济文化生活，还与印度史诗《摩可婆罗多》进行对比，与中国的《山海经》进行对比。进一步理解希腊英雄主义与中国文化、印度文化的特征。学习希罗多德的《历史》时，与司马迁的《史记》进行对比。了解为什么历史学在希罗多德到爱德华·吉本的两千多年的时间里一直属于散文（prose）这个文学范畴的事实。这样，通过学习讨论，学生不仅把知识从外界搬到记忆中，而是以已有的经验为基础，通过与新知识的相互作用来建构新的理解。在课程学习过程中，表现出学生旧知识基础的重要性，反映了学生基础课程学习的效果。课堂上，对学习内容理解上相互争执和相互补充，在一定程度上，也达到了合作学习的效果。

三、注重个体认知　关注主动建构

教育心理学家皮亚杰认为，知识是个体头脑中的一种内部状态，知识是主体与环境相互交流产生的建构，是思维与客体相互交换的知觉建构。除了共性外，皮亚杰更关心个体知识。知识理解的过程是学生主动建构知识的过程。学生在学习知识时并不是一个经验的无产者，而是在已有的旧知识经验的基础上，通过新旧知识经验之间双向地相互作用建构起新的意义，进一步充实以至改造自己的知识经验。所以，学生是自己知识的建构者，学习不是教师简单地向学生输入信息、灌输知识，知识不是简单的积累，学生在自己知识经验的基础上建构对事物的理解，是在已有的旧知识、已有的经验、加上学生心理结构认知能力的基础上，形成新的知识的意义。从而不同学生在学习“西方历史要籍选读”课程时，看到的是事物的不同方面，对事物意义的建构也就各有不同。比如在学习克罗齐《历史学的理论与实际时》，由于是理论书籍，看起来比较吃力。有同学说，刚开始看了十几页，写的内容完全看不懂，但是坚持继续往后看，书读到一半就慢慢懂了前面的理论。由于大二学生没有学习史学理论和西方史学史，我们便在课堂上简单补充了这方面的学习内容。细心的同学听课后提问：历史认识论与历史本体论的区别？要求解读反思型文化特点和继承性史学的特点，并提问，反思自我的历史，与人自身的完善进步有什么关联？有同学从克罗齐生活和学习的经历分析他的史学思想。有同学认为克罗齐是现实主义者，马上有同学反驳认为克罗齐只是从现实出发，而不是现实主义者。有同学批评克罗齐的唯理主义，坚持认为客观主义的重要性。还有同学批评克罗齐“凭证为依据的历史是一种外在的历史”的观点。下课铃声总是来得很快，课后有同学来教研室，继续讨论。我们认为，通过思考，使学生从碎片的记忆学习，逐渐转向对完整知识的处理。从开始阅读《历史学的理论与实际时》到分析赞同以及批评克罗齐的史学观点的过程，同学们先是了解陈述性的知识，提问概念性的东西，通过讨论，再通过知识编辑形成新的认知技能，产生新的认识。说明解决问题是一个信息加工过程，也是一个知识建构的过程。所以，知识学习是一个完整的过程，这种过程除了要使学生形成陈述性知识以外还要在运用、练习中实现知识向程序性知识转化。知识的建构并不仅仅表现在学习的初期，还表现在学生运用知识解决问题的过程中。

从课堂讨论中，可以反映学生在主动建构内部心理表征的过程中，学生的表述和理解反映了其认识总是建立在已经形成的认知结构基础上的，每个学生过去的知识经验会影响到学习者的知识建构。在讨论过程中，有些同学会推翻自己之前的理解，有些同学坚持己见。从课堂课下学生的表现，反映了学生原有的认知结构，大多数学生总是以其自身的经验，运用以往的知识和概念来理解和建构新的知识。明显体现了学习的个体性。通过讨论，增进了师生之间的沟通，加强了学生之间的交流。同学们的这种思考和学习，大多数反映在学期末的终结性评价中。这样，把过程性学习与终结性的学习有机结合起来。我们认为，教师和学生只有在反复的、双向的建构中才能获得知识的意义，也只有在大量的解决问题的训练中才能形成新的思考方式和新的观点，增长才干。

四、根据课程性质　选择有效的教学方法

首先，建议学生课外阅读赵立行主编的《外国史学名著导读》和刘明翰的《外国史学名著选介》。这类教材只是简介类的书籍，不作为我们学习的要籍，我们建议学生读原著的译著。外语好的同学，我们建议他们可以寻找原著阅读。但是，根据教学实践结果看，阅读外文原著很难，甚至不可能做到。除了英文原著汤因比的《历史研究》外，其他著作不可能阅读原著，其原因是布置的译著的原著语言是古希腊语、拉丁语、意大利语、德语。但这并不是阻碍学习这门课程的理由。一学期学习的著作有恩格斯《家庭、私有制和国家的起源》、荷马《荷马史诗》、希罗多德《历史》、汤因比《历史研究》、克罗齐《历史学的理论与实际》、布洛赫《历史学家的技艺》。教师可以要求学生：所有书籍选择章节阅读；布洛赫《历史学家的技艺》全文阅读；同学们根据自己的学习程度，选择其中一本精读，精读的译著作为期末考试作业；要求课前预习、上课讨论、课后写读书笔记。比如《荷马史诗》译本较多，我们让学生尽可能全地找到各类译本，进行对比。之后我们建议学生精读罗念生和王焕生翻译的《伊利亚特》和《奥德赛》，只与陈中梅翻译的版本进行对比。 让学生不仅成为教学过程的参与者，也成为课程的设计者。

其次，刻意不使用多媒体课件。多媒体课件适时适度，有利于辅助教学，为教学服务，但是不能起主导作用。历史学的通史类课程，大多数教师都采用了课堂授课使用PPT课件的形式，注重陈述性知识的传递方式。对于陈述性的知识使人感到生动形象。而对于“西方历史要籍选读”这类课程学习，不能过分情境化。不能忽略了知识目标和能力目标。让学生认真读书，静心思考感悟，给学生提供想象的空间。但是课下学生必须使用

互联网，课前预习是重要的教学环节。学生通过互联网，准备所读著作的介绍、翻译的版本，以及国内哪些学校哪些人在研究这些著作和史家。

再次，继续发挥教师的指导作用。教学过程是教师和学生对知识意义进行合作性建构的过程，是教师指导和协助学生按自己的实际情况对新知识进行建构活动。历史是一门综合性的基础学科，它对学生的思想、心理、世界观的形成、分析解决问题能力的培养有着其他学科不可替代的作用。如何注重学生从知识加工、记忆的储存到知识信息的拓展；如何注重对学生的学习认知能力、分析问题的能力进行综合评估，将过分强调接受性学习为主变成倡导接受性学习与探究性学习并重；如何帮助学生建构知识体系，这是教师要认真考虑和探索的问题。

在教学中，要关注历史与现实的结合，注重问题教学。建议学生认真阅读布洛赫的《历史学家的技艺》，了解有意史料和无意史料。倡导发现学习，引导学生主动地发现问题，在掌握历史材料的基础上进行分析总结概括，并形成自己的观点。

最后，敢于坚持既有的经验和方法。继续关注学生课堂学习素质的培养。建议学生开展合作学习，通过问题教学设计，让学生在思考和相互讨论中进行学习。思维是自问题开始的，发现问题就会使学生的思维处于积极状态，这对于知识的建构是非常有利的。学习如何发现问题、提出问题，培养问题意识；学会合作，同时在合作学习中学生之间的知识会形成互补，更有利于学生良好认知结构的形成和发展。学会质疑和反思，引导学生在解决问题的过程中培养创新能力，在运用已经获得的知识解决问题的同时形成程序性知识，培养学生解决问题的能力和创新能力。教师和学生在学习过程中，共同提高，学会知识的迁移、应用和创新。

综上所述，对有异于通史类课程的“西方历史要籍选读”课程，明确学科本质、制定学习目标后，注重史学特征，重视个体认知，指导学生主动建构知识体系。

参考书目：

[1]（美）布卢姆:《教育目标分类学（第一分册）认知领域》，罗黎辉译，上海:华东师范大学出版社，1986年。

[2]安德森等编著:《布卢姆教育目标分类学：分类学视野下的学与教及其测评（修订版）》，蒋小平等译，北京:外语教学与研究出版社，2009年。

[3]（美）霍华德·加德纳著:《多元智能》，沈致隆译，北京：新华出版社，2003年。

“中国历史文选”教材内容教学重点之拙见

段小强
（西北民族大学历史文化学院，甘肃兰州）

摘　要：“中国历史文选”教材一般包含四个层次的教学内容，而“文章选讲”部分则是重点之所在。本文认为在教学过程中应充分体现“文选”与“历史”的衔接性，使学生了解史料的出处和源流，并懂得如何剪裁和驾驭原始资料，从而提高学习“中国历史文选”课程的兴趣和获得历史研究的初步认识。

关键词：中国历史文选；教学改革；教材内容

教材是完成教学任务提高教学质量的关键之一，而科学并适用的教材编写，则是对该课程自身学科体系不断探索不断完善的结果。“中国历史文选”教材的编写自1949年以来，已经走过了70余年的历程。70余年来，据不完全统计，从1950年北京师范大学历史系刘乃和先生主编的《中国历史文选》油印本到中华书局1961、1962年先后出版发行的周予同先生主编的《中国历史文选》，再到2003年高等教育出版社出版发行的汝企和先生主编的《中国历史文选教学研究（第四集）》[①] 教材，总共出版发行了40余种教材。多种文选教材的相继问世和广泛使用，加之6次全国性教学研讨会的召开，使得“中国历史文选”课程的教学与研究备受重视，而且也从一个侧面展现出我国高等教育事业兴旺发达的时代风貌。

笔者自1993年以来一直从事我校“中国历史文选”课程的教学工作，迄今，先后使用过四种版本的“中国历史文选”教材：一是由甘肃教育出版社1987年8月出版，张大可先生任主编的《中国历史文选》教材；二是由陕西人民教育出版社1998年8月再版，张大可先生任主编的《中国历史文选》教材；三是由甘肃文化出版社1998年2月出版，汪受宽、高伟先生任主编的《中国历史文选》教材；四是历史学和博物馆学专业的学生目前正在使用的由商务印书馆2007年8月出版，张大可、邓瑞全先生任主编的普通高等教育“十一五”规划国家级教材《中国历史文选》。根据多年“中国历史文选”的教学体会，以及在教学中所接触到的教材版本的体例，本文在“文选”和“历史”衔接性问题上，谈一点自己的肤浅看法，并恳请各位专家、学者批评指正。

我们所使用的“中国历史文选”教材一般包含四个层次的教学内容：一是典籍概述，二是文章选讲，三是练习文选，四是通论教学。典籍概述的内容包括每一类目文献典籍的源流、体例、价值、代表性书目，要求学生了解文献典籍的发展概况，对历史要籍需掌握作者生平、成书年代、主要内容、编纂体例、史料价值、版本、注本等；文章选讲部分则是通过对各类典型历史文选的讲授，要求学生掌握较为系统的古汉语知识，能够阅读通用的古代文献典籍，并能具体感知各类文献典籍的体例、述事、取材

① 汝企和主编:《中国历史文选教学研究》(第四集)，北京：高等教育出版社，2003年，第267—274页。

及编纂特点。讲授中以字、词、句为主，可适当串讲，但要防止以串代替字、词、句的落实，以此培养学生举一反三的能力。对于词汇，要求学生掌握基本词汇，能够理解古汉语常用词的本义、引申义、假借义，以及语法活用等；通论教学的内容则要求学生了解三个系统的知识：其一为传统文字学汉字、音韵、训诂的基本知识，以及断句、标点、今译等知识。其二为目录、版本、校勘、考据、辨伪等文献学知识。其三为天文、历法、地理、职官、宗法、谥法、姓名字号、避讳等文化史的基本常识；练习文选供学生作业实践，要求学生标点断句、注音释义、语译古文、语法分析、写段意或简析课文等。①

可见，"中国历史文选"是一门覆盖面比较广泛的课程，其开设的目的主要在于培养学生阅读和使用我国古代文献典籍的能力，同时也为进一步学习和研究中国古代历史奠定一个基础。这就要求本课程的教材在保证学生全面了解我国文献典籍和读史常识的前提下，重点保证在"文选"这一主体内容的教学过程中探寻历史研究的一般方法，从而提高学生学习"中国历史文选"课程的兴趣和感性认识。由此可知，"中国历史文选"实际上是一门"中国历史文选""中国古代史""中国历史文献学"及"中国史学史"等多门课程在教学内容上相互关联、相互渗透的课程，因而有必要加强这些课程之间的教学联系，并区分各自的重点讲授内容。具体建议为：

首先，在开设"中国史学史"与"中国历史文献学"课程后，有必要强调"中国史学史""中国历史文献学"和"中国历史文选"各自的教学侧重点，并重新安排这三门课程的重点讲授内容，以避免重复教学。"中国历史文选"与"中国史学史"和"中国历史文献学"三门课程既有相同

① 王继光、徐景重主编：《中国历史文选导读》，西安：陕西人民教育出版社，1989年，第2页。

点又有不同之处。其共同点是都论及史籍、史家及其时代背景、史学思想及一些比较实用的版本、目录知识。而不同点则是“中国历史文选”重在掌握文言文、词、句，目的在于提高阅读古籍的能力，然而“中国史学史”“中国历史文献学”则完全不涉及这些内容。[①] 因此，但凡“中国史学史”及“中国历史文献学”所要讲授的内容，“中国历史文选”则可略加讲述，不必占用较多的课堂时间。具体来说，典籍概述和通论教学的内容一般包括在“中国史学史”及“中国历史文献学”的教学内容范围内，而历史学专业的学生一般都开设“中国史学史”及“中国历史文献学”的课程，所以我认为典籍概述和通论教学部分不应作为“中国历史文选”课程的主要讲授内容，只要略加涉及即可。

其次，举凡学习“中国古代史”，无论在理论问题还是材料问题方面，都要和“中国历史文选”这一课程发生直接或间接的密不可分的联系。[②] 在高等院校的历史专业中，“中国历史文选”课程与“中国古代史”相互关联，相互作用，有着不解之缘，两门课程是相辅相成的。“中国历史文选”可以利用并发挥其与多门边缘学科交叉且覆盖面比较广泛的特点，以其丰富的教学内容与“中国古代史”相配合，尤其在文献资料方面，加强对“中国古代史”的学习和获得进一步研究的初步认识。使原来学习程度较好的学生，学习得更好，而程度较差的学生将会因此缓解学习中的为难情绪，甚至克服学习的困难，提高学习的信心和毅力。帮助学生逐渐提高，不断增强学习中国古代史的信心和毅力。因此，不学习“中国历史文选”则不知史料的出处和源流，更不知各种史书的体裁和体例；不学习“中国古代

① 彭忠德:《简论史学史、历史文献学设置后的历史文选》，见杨燕起、郑之洪、钟葵生编:《中国历史文选教学研究》(第二集)，北京：高等教育出版社，1993年，第144、145页。

② 陈泉娣:《浅谈中国历史文选在历史科学研究中的地位和作用》，见杨燕起、陈泽延编:《中国历史文选教学研究》，北京：北京师范大学出版社，1989年，第46页。

史”则不知如何剪裁和驾驭原始资料，更不知各种体裁和体例的史书所以产生的历史背景和史学思想的发展及其演变。“中国历史文选”学习得好，“中国古代史”课程必然也会学习得很好；只有对“中国古代史”进行钻研，才能对“中国历史文选”产生学习的兴趣。相反，“中国历史文选”学得不好，“中国古代史”的学习必然是索然无味。从某种意义上来说，“中国历史文选”课程似乎可以说是学好“中国古代史”的前提条件。① 可见，在“中国历史文选”课程的教学中，“文选”部分的教学内容应该和“中国古代史”的相关内容紧密衔接起来，以期贯彻“论从史出”的原则。

例如：在《中国古代史》（上册）第六章“秦统一封建国家的建立和秦末农民大起义”中，第一节“秦统一封建国家的建立”在讲到“加强政治思想统治”时，引用的《史记·秦始皇本纪》中的“文选”材料有：一是秦统一六国的事业刚刚完成，在讨论建立什么样国家体制的问题上，以丞相王绾为首的一部分官吏认为“诸侯初破，燕、齐、荆（楚）地远，不为置王，毋以填（镇）之”，主张这些地方实行郡国并行制。而廷尉李斯认为春秋战国时期的诸侯纷争，完全是西周分封诸侯所造成的，只有废除分封制，才可免除祸乱，秦始皇也认为“天下共苦，战斗不休，以有侯王”，于是采纳了李斯的意见，在全国建立了郡县制。二是博士淳于越在公元前213年又提出了恢复分封制的主张，说“事不师古而能长久者，非所闻也”，丞相李斯加以反驳，他指出，世道不同，治理的方法也应该不同，儒生“不师今而学古”，“道古以害今”，如不加以制止，“主势降乎上，党与成乎下”，统一可能遭到破坏。对此他建议：一、除《秦纪》、医药、卜筮、农书以及博士所藏《诗》《书》、百家语外，凡私人

① 陈泉娣:《试论历史文选与中国古代史教学的关系》，见杨燕起、郑之洪、钟葵生编:《中国历史文选教学研究》（第二集），北京：高等教育出版社，1993年，第141、142页。

所藏儒家经典、诸子和其他历史书籍，一律限期交官府销毁，逾期不交的，处以黥刑并罚作城旦；二、谈论《诗》《书》者处死，“以古非今者族”；三、严禁私学，“以吏为师”。秦始皇支持了李斯的建议，这就是历史上的“焚书”事件；四是公元前212年一些方士和儒生对秦始皇进行诽谤，秦始皇以“为訞言以乱黔首”的罪名，下令追查，共逮捕460余人，全部坑杀在咸阳。这就是历史上所说的“坑儒”。[①] 通过以上“文选”和“历史”的对比衔接，我们可以看到，在让学生接触并理解一篇选文之后，进一步分析其中的史料价值，了解“历史”中“文选”材料的来源，加强学生灵活理解和运用史料的能力，无疑是“中国历史文选”课程教学中的必要环节。

最后，“中国历史文选”课程一般开设在大学一年级，我们知道，中学阶段学习文言文，仅接触到部分历史文选，而且还侧于对字、词、语法和意思的掌握与理解，虽然也分析段落大意、中心思想，但对许多问题停留在孤立、片段的理解中，只要求学生理解课本中的引文而已，而不是把“文选”融合到“历史”中去运用历史研究的方法分析其史料的来源和价值，提高知识学习的层次。可见，在“中国历史文选”的教学中，如果对“文选”和“历史”加以对照分析，可以增加“中国历史文选”课程的吸引力，提高学生学习的兴趣，从而获得历史研究的初步认识。[②]

总之，在传统的“中国历史文选”教学中，存在着面面俱到和“重文轻史”的现象。在典籍概述和通论教学中表现为投入的精力和时间较多，却很少在文章选讲中将“文选”史料放到具体的历史中进行剖析，导致学

① 朱绍侯主编:《中国古代史》，福州：福建人民出版社，1987年，第244页。

② 刘连开:《如何充分展开史料分析》，见杨燕起、张家璠、李家发主编:《中国历史文选教学研究》(第三集)，兰州：甘肃文化出版社，1998年，第48页。

生不了解史料的出处和源流，也不懂得如何剪裁和驾驭原始资料，以致于历史知识缺乏系统性和连贯性。因此，在“中国历史文选”教材内容的教学过程中，充分体现“文选”与“历史”的衔接性具有重要意义。

继承与反思

——以《史记·孔子世家》的教学改革为核心*

周松

（西北民族大学，甘肃兰州）

摘　要：随着时代的不断进步与发展，“中国历史文选I”的教学改革亦是迫在眉睫。本文针对“中国历史文选I”中的经典课程《史记·孔子世家》进行一系列的教学改革，在教学设计中，重新梳理了教学思路，制定相适应的课程设计，填补与之相关的知识；在教学环节上，以教学启发为核心指导思想。通过对关键问题的提出，有效启发与激励学生自主掌握本课的相关基本知识与相关知识面。在课后互动上，提出以学生的视角来看待教学内容，制定课程的问卷调查表，以便教学设计更加贴近学生自我的基本状况。旨在对当下的历史文选教学进行继承与反思。

关键词：孔子世家；教学改革；继承；反思

随着时代的不断进步与发展，习近平总书记号召青年们积极投入到中

* 本文为2017年西北民族大学教改项目：“‘中国历史文选’课程教学内容、教学方法和教学手段的配套改革研究与实践”（项目编号：2017XJJG-32）的研究成果之一。

华民族复兴的伟大事业中，中华民族的伟大复兴，不仅是经济的崛起，更是传统文化的复兴。作为传统文化的载体，古代汉语更应该受到重视。《史记·孔子世家》既是古代汉语的经典凝结，又是“中国历史文选I”课程的重要内容，更应该于当今的教学改革中展现新时代的气象。

当下，学术界对于《史记·孔子世家》的论述主要侧重于学术研究，出现了一批学术成果。[①] 然而，围绕《史记·孔子世家》为中心论述教学改革的相关研究较少。因此，拟以《史记·孔子世家》为核心，论述教学改革的实践与反思。

一、教学设计

（一）教学思路

教学思路设计伊始，便以“世家”作为切入点，将《史记·孔子世家》划分为三个部分论述：一者，以“世代相沿的大姓氏家族”为核心，梳理孔子与其家族的前世今生；二者，将孔子著述的“史书文体”作为论述对象，剖析其中的绝妙之处；三者，历史上对孔子的评述。

首先，围绕孔子的生平经历与家族进行梳理，进而论及孔子生活时代的人与物。为了使同学们的知识体系能够更好地衔接，抛出中学时代对孔子的基本认识，也就是“我国古代著名的思想家和伟大的教育家，儒家学

---

① 在《史记·孔子世家》的研究中，学术界主要侧重于研究方面，产生诸多成果。譬如，杨军会、喻威《〈史记·孔子世家〉“拔其树”小议》、陈曦《〈史记·孔子世家〉再探微》、包大为《以绳当世，以正其名——〈史记·孔子世家〉的书写精神与现实指向》、李辉《〈史记·孔子世家〉三家注引文考校》、侯文学《孔子早年的身份认同——从〈史记·孔子世家〉之孔子殡母、合葬、要绖说起》以及刘志伟《“素王”典范造像与人的本质精神价值实现——论司马迁〈史记·孔子世家〉的创作》等。

派的创始人”与周游列国。之后，上溯孔子的家族脉络，梳理孔子家族的前世今生。下启孔子的生平经历，以其历仕中都宰、小司空与司寇的执政经历讲述孔子的一生。

其次，对孔子的编著进行讲解。《诗经》作为我国最早的一部诗歌总集，授课之时对其内容逐字解释。此外，还拓展了《国风·周南·关雎》《小雅·鹿鸣》《大雅·文王》与《周颂·清庙》等《诗经》里的重要内容。同时，对《易》的内容进行简要介绍。此外，在授课之际，对《春秋》进行重点介绍。其中，梳理孔子于《春秋》中所提出的“春秋笔法”之意。

再次，鲁哀公十六年（公元前479年），孔子病逝。以其弟子的守孝之事、太史公的评述以及历代对孔子的祭祀为核心，对孔子的历史地位与思想价值进行评述。

（二）课程设计

课程设计是教学活动的总纲，展现教师对“中国历史文选I”的总体构思与目标要求。因此，在《史记·孔子世家》的课程设计中，总体构思主要包括两个方面：一者，全面讲解《史记·孔子世家》的基础知识，梳理《史记·孔子世家》中的重难点字、词与句式；二者，拓展课外知识与提升阅读量。授课之时补充与课程内容相关的知识，深化对授课内容的理解。进而，课下的经典著述阅读有效全面提升同学们自身的能力与水平。此外，在“中国历史文选I”的课程设计中，提出以下几点要求：第一，要求学生基本掌握古代汉语的常识，熟练使用重难点的字、词与句式；第二，培养学生独立自主地阅读古文献的能力与水平，自觉地学习古文献的相关知识；第三，结合学术界的最新研究成果，拓展学生的历史知识面。

（三）知识补充

随着信息时代的到来，我们对于知识的获取不仅仅限于课本的内容。

在教学的过程中，适量增加一些相关的知识概念对于接受与理解课程内容具有无可比拟的意义。在《史记·孔子世家》一课的讲授中，增添诸多相关内容，以便更好地掌握课程的内容。

其中，主要有以下四个方面内容的补充：第一，增加三桓的家族传承。作为与孔子同时代的鲁国卿大夫“三桓”，原是鲁桓公的三个儿子，即孟孙氏、叔孙氏与季孙氏。自鲁文公之后，三桓势力渐强，实际掌握鲁国政权。第二，补充杞国与宋国之世系。为了能深入体会孔子所说：“夏礼吾能言之，杞不足征也。殷礼吾能言之，宋不足征也。”[①] 补充杞国世系，便于了解夏与杞国之间的历史渊源，扩充宋国世系，有效掌握殷商与宋国之间的久远联系。第三，为了深入剖析《史记·孔子世家》中对《诗经》叙述，增添了对《国风·周南·关雎》《小雅·鹿鸣》《大雅·文王》与《周颂·清庙》等内容的阐释。第四，常言道，孔子座下弟子三千，只有七十二贤人。然而，为人所熟知的仅其中一部分，现将七十二贤人的名字扩充完整，以备阅览。

二、教学环节

在教学环节中，如何有效引导同学们成为诸位教师最为头疼的问题之一。为了引导学生们更快进入课堂、扎实掌握基础知识、有效提升自我能力，教学环节上主要以“教学启发”为核心，激发学生在基于古汉语常识的基础上，自主地学习与掌握本次授课内容。

此次教学与授课过程，基于《史记·孔子世家》的内容，提出以下思考题，激励与启发学生更多的思考本课内容。首先，面对“孔子世家”一

---

① 杨伯峻译注:《论语译注》，北京：中华书局，2009年，第26页。

词，利用拆词法将之划分为“孔子+世家”，“孔子”很容易理解，“世家”一词做何解释？需要启发学生查阅相关的著述，尽快进入学习状态。其次，以简要介绍孔子的生平事迹为切入点，启发学生们对孔子一生进行回忆。进而，以孔子所任三次重要官职对全文进行梳理。再次，以孔子的基本著述为问题出发点，重点讲授《诗经》与《春秋》的重要知识。最后，启发学生对孔子进行历史定位。

三、课后互动

（一）学生反映

在此次的教学活动中，特意增加了调查问卷部分，以便从学生入手，补充与拓展教学改革，适应新时代的“中国历史文选I”的讲授工作。故而，在课后随机采集三个班级里的部分同学对授课的内容进行调查。具体统计数据如下表1：

表 1　问卷调查统计表

（单位：人）

问卷内容 / 班级	课堂表现		教学互动		知识巩固		课后拓展	
一班	优秀	31	突出	12	全面	25	大量阅读	24
	中等	6	普通	20	部分	10	中间阅读	11
	偏下	3	较少	8	些许	5	少量阅读	5
二班	优秀	23	突出	10	全面	18	大量阅读	18
	中等	10	普通	25	部分	15	中间阅读	17
	偏下	7	较少	5	些许	7	少量阅读	5

续表

问卷内容 / 班级	课堂表现		教学互动		知识巩固		课后拓展	
三班	优秀	13	突出	8	全面	9	大量阅读	7
	中等	20	普通	23	部分	20	中间阅读	22
	偏下	7	较少	9	些许	11	少量阅读	11

（注：此次调查问卷随机发放给学生。一班40份；二班40份；三班40份。）

由表1可知，我们对课堂的授课效果大致有所判断。一班的课堂效果不错，课下也能积极按照要求进行阅读。二班与三班的授课效果大致相同，课下阅读量属于普通程度。此外，我们也必须承认，在教学改革的过程中必须根据学生的实际情况“因材施教”，这是教学过程中最为重要的施教策略。这也需要调整一班与二班、三班的教学思路。拓展一班的课后阅读，强化二班与三班的基础训练。

（二）课外阅读

为了巩固课堂知识，强化对知识体系的理解。于本次授课结束之后，不仅需要同学们掌握基本的课程内容，还应该安排相关的课外阅读。课上与课下相结合；巩固与提升相适应；基本与拓展相联结，以便达到事半功倍的效果。

于是，此次授课结束之后，安排下去经典著述，能够从“世家”与“著述”两方面强化对授课内容的理解。在孔子及其家族研究方面，国学大师钱穆的《孔子传》① 与日本学者白川静所著的《孔子传》② 结合起来阅读，

① 钱穆:《孔子传》，北京：生活·读书·新知三联书店，2018年。

② [日]白川静:《孔子传》，北京：人民出版社，2014年。

应该会有很大收获。此外，杨伯峻所撰《论语译注》[①] 中有《试论孔子》一文，值得一览。在孔子的著述研究方面，作为学术界研究的热点与重点之一，其研究成果丰硕，新见迭出。譬如，在《诗经》的研究中，出现大批著述。寇淑慧编纂《二十世纪诗经研究文献目录》[②]、高亨《诗经今注》[③]、余冠英《诗经选》[④]、程俊英《诗经译注》[⑤] 与程俊英、蒋见元《诗经注析》[⑥]。于《春秋》的研究中，杜预《春秋经传集解》[⑦]、钟文烝《春秋谷梁经传补注》[⑧]、杨德春《〈春秋穀梁传〉研究》[⑨]、童书业《春秋左传研究》[⑩]、李宗侗注译《春秋公羊传今注今译》[⑪] 以及方韬《杜预〈春秋经传集解〉研究》值得去阅读。

四、结语

自习近平新时代中国特色社会主义以来，我国各项事业均进入新的历史发展时期，面对日新月异的社会，知识体系的更新换代日益加快。因此，“中国历史文选I”的教学改革亦是迫在眉睫。

本文针对“中国历史文选I”中的经典课程《史记·孔子世家》进行

① 杨伯峻译注:《论语译注》，北京：中华书局，2009年。
② 寇淑慧编纂:《二十世纪诗经研究文献目录》，北京：学苑出版社，2001年。
③ 高亨注:《诗经今注》（上下），上海：上海古籍出版社，2017年。
④ 余冠英:《诗经选》，北京：人民文学出版社，1956年。
⑤ 程俊英:《诗经译注》，上海：上海古籍出版社，2014年。
⑥ 程俊英、蒋见元:《诗经注析》（上中下），北京：中华书局，2017年。
⑦ （晋）杜预:《春秋经传集解》，上海：上海古籍出版社，1978年。
⑧ （清）钟文烝:《春秋谷梁经传补注》，北京：中华书局，2009年。
⑨ 杨德春:《〈春秋穀梁传〉研究》，保定：河北大学出版社，2018年。
⑩ 童书业:《春秋左传研究》，上海：上海人民出版社，2019年。
⑪ 李宗侗注译:《春秋公羊传今注今译》（上下），台北：台湾商务印书馆，1973年。

一系列的教学改革，旨在对当下的历史文选教学进行反思与重构。在教学设计中，重新梳理了教学思路，制定相适应的课程设计，填补与之相关的知识；在教学环节上，以教学启发为核心指导思想。通过对关键问题的提出，有效启发与激励学生自主掌握本课的相关基本知识。在课后互动上，提出以学生的视角来看待教学内容，制定课程的问卷调查表，以便教学设计更加贴近学生的基本状况。

关于新形势下“中国近代史”教学的几点思考*

耿磊
（西北民族大学历史文化学院，甘肃兰州）

摘　要：结合21世纪以来社会及专业发展需要，我们在“中国近代史”教学过程中应注意：将社会需要有效地融合到中国近代史教学，实现专业教育与思政教育相结合；提升学生在教学过程中的参与度，实现课堂教学师生的有效互动；注重教学过程中乡土历史资源的挖掘，提高学生专业学习的主动性。

关键词：近代史；教学；学生参与；乡土资源

“中国近代史”作为我国高等院校历史学专业教育的重要基础课，承接着中国古代史和中华人民共和国史，涵盖自1840年鸦片战争爆发到1949年中华人民共和国成立时期的相关历史，为学生认识中国近代社会变迁提供专业基础平台。因此，对于该课程教学过程及教学模式的研究和分析，

* 本文系西北民族大学2017年度教改项目“中国近代史课程教学过程改革的研究与实践”（编号：2017XJJG-31）成果。

成为高校历史学教学研究中的重镇，并取得不少研究成果[①]。已有研究成果，既有从注意历史学科定位、吸收最新学术成果、注重专题式教学模式等宏观层面分析的，也有从注意专题结论的客观性、近代史具体上限等微观角度分析的，为“中国近代史”及历史专业其他通史教学提供了经验借鉴。在此，笔者在已有研究的基础上，结合近几年社会形势发展需要及西北民族大学历史学专业教学过程中的相关问题，就如何改进“中国近代史”教学方式及丰富教学内容，提出几点思考，以求教于方家。

一、专业教育要与思政教育相结合

高校教育本身应以提高学生综合素质为目的，无论何种专业，其人才培养目标均包含专业素质、思想素质等各层面，特别就历史学专业而言，思政教育的培养目的地位更为突出。就“中国近代史”课程来说，学界均注意到思想政治教育的重要性，有的建议要注重在教学中探索“奉献精神的弘扬”“图强意识的赞颂”“百折不回品格的提倡”[②]。那么，在新形势下，如何在“中国近代史”教学过程中进一步对学生进行思政教育呢？笔者在此以本课程教学过程中“红军长征”一节为例，来展现专业教育与思政教育的结合过程。

2016年是纪念红军长征胜利80周年，习近平总书记号召“要大力弘扬

① 韦国有:《浅谈〈中国近代史〉教学中的爱国主义教育》，载《桂林师范高等专科学校学报》，2008年第2期；赵金康:《关于中国近代史教学的两点思考》，载《周口师范学院学报》，2010年第3期；柳岳武:《高校〈中国近代史〉教材及教学方法改良刍议》，载《周口师范学院学报》，2010年第3期；丁健:《晚清政府评价再审视 —— 中国近代史教学反思之一》，载《安阳师范学院学报》，2014年第3期等。

② 喻大华:《中国近代史教学改革的研究与实践》，载《中国高教研究》，1996年第3期，第80页。

伟大长征精神，激励和鼓舞全党全军全国各族人民特别是青年一代发奋图强、奋发有为，继续把革命前辈开创的伟大事业推向前进，在实现‘两个一百年’奋斗目标、实现中华民族伟大复兴中国梦新的长征路上续写新的篇章、创造新的辉煌!”① 这是在当前国家发展新形势下，对长征精神的重新定义和青年思想教育目标的重塑。作为中共革命历程中的红军长征，是分析20世纪30年代中国革命的重要内容之一，更是实现对当代大学生思想政治教育的重要题材。

首先，要客观、全面地展示红军长征的社会背景、过程及历史意义，特别是要从中央红军、红四方面军等四支部队参与长征的过程说起，来展示1934年到1936年红军长征的广义概念，拓宽学生的专业视野；社会背景方面，不仅要注意到中央红军第五次反围剿失利的军事背景，而且要注意到中共党内意见分歧、国民党的军事围剿以及日本侵华与中共抗日的态度等历史因素，凸显出红军通过长征来实现战略转移、继续革命及抗日救国的多重目的。在这一过程中，教师要注意吸收学界关于红军长征的最新研究成果，进而保证该专题课程分析的前沿性和理论性。

其次，注重相关文献资料和影视材料的运用，加深学生对长征整体过程及相关历史细节的形象认识。论及长征过程中的遵义会议、爬雪山、过草地等具体事件时，我们可充分利用网络视频资源，来展示相关历史事件。如在强调长征红军突破封锁线的残酷性时，可借用北京电视台录制的《寻踪长征路》系列纪录片之《激战光华铺》②，该纪录片通过走访狙击战遗址和采访当年的目击者，形象地展现了长征过程中狙击战斗的激烈场景和

---

① 《2016年纪念红军长征胜利80周年大会习主席讲话原文》，网络来源：http://www.xuexila.com/news/1685902_4.html

② 《激战光华铺——湘江战役三大狙击战之一》，网络来源：http://www.iqiyi.com/v_19rr9ocybc.html

红军将士的英勇精神；在分析长征参与者的历史心态时，可引用当年参加长征的红军将士的相关回忆、日记等文献资料。如过雪山时，部队“最初打算命令各个连队用些瓶子载一点酒，每人分配一两个辣椒，以备上山时压寒。但当地人民总数不到百家，哪里来这许多酒呢？这愿望不能达到，结果只有在上山之前，由各连烧些辣椒开水每人吃一碗然后上山。”[①] 如此形象的记忆材料，有助于加深学生对长征的全面理解和深入认识。

最后，要注重提升学生对长征及其长征精神的认识。可在教学中借用斯诺对长征的认识“虽然红军毫无疑问是被迫退却的，但是，凭着他们空前坚强的政治上和道义上的理想和意愿，这批顽强的老战士达到了他们计划的目标”[②]，让学生结合日常生活中的经历，引导学生思考如何去弘扬和践行长征精神，特别是结合当前国家提出“两个百年”梦想的宏伟目标下，我们个人要坚持自己的小目标、执著地去实现自我理想。如此一来，在专业教育的过程中，结合当前国家社会发展需要，实现对学生思想政治认识的有效提高。

二、以学生参与来提升课堂教学氛围

与传统教学模式相比，当今课堂教学要充分体现学生的主体性，特别是要形成师生互动的良好课堂氛围，这应是各层次教育的共同理想目的。如何在“中国近代史”教学中实现这一目的，是值得我们思考和实践的重要教学问题。

---

① 杨定华:《雪山草地行军记》，见刘统编:《亲历长征：来自红军长征者的原始记录》，北京：中央文献出版社，2006年，第75页。

② [美]埃德加·斯诺著:《长征》，新民节译，见埃德加·斯诺:《斯诺文集》第4卷，北京：新华出版社，1984年，第105页。

第一，以问题意识来调动学生对教学过程的参与。中国近代史集中反映近代中国社会转型过程，国家与民族的富强独立应是社会发展的主题，相关历史事件和历史人物更是围绕着这一主题而展开。在教学过程中，要注重通过设置诸多问题来激励学生参与教学过程，特别是引导学生运用相关理论去客观、全面及辩证地分析历史事件和历史人物。如要解释鸦片战争之所以会在19世纪中叶爆发，不仅要注重传统的中英两国社会背景分析模式，而且要注意分析英国走私鸦片与中国政府禁烟活动，以此来加强学生对鸦片战争爆发原因的全面认识。针对如何看待李鸿章在近代社会历史中的地位和作用，首先让学生从已有认识去谈一谈；其次，教师要注意运用革命范式和现代化范式[①] 来概括学生已有的认识；最后，引导学生结合当时国家落后、清政府设法振兴等历史背景，较为客观、全面地分析李鸿章在近代社会发展中的具体作用，并建议避免过于主观地进行道德评价。

第二，要以学生为主导，多开展一些实践性教学活动。相较古代历史，近代历史遗留痕迹更为丰富，特别是可通过图像、日记等教学媒介得以展示。那么，在教学过程中，教师要利用这一优势，增加学生课堂实践的机会，一方面锻炼学生搜集历史文献材料、归纳已有研究成果的能力，另一方面提升其语言组织及表达能力。换言之，教师可确定相关主题，并让学生组织模拟课堂、讲解某一历史专题，这样一来，既有效地激发学生专业学习的主动性，又能借此培养和锻炼学生从事专业学习的基本能力，为实现历史学专业人才培养目标奠定相应基础。

为何要以凸显学生在专题讲述过程中自我认识的分享？其目的主要在

---

① 在新学期绪论部分，可简要向学生介绍中国近现代史研究范式问题，可参见夏明方:《中国近代历史研究方法的新陈代谢》，载《近代史研究》，2010年第2期，从而奠定本门课程相关历史分析理论基础。

于呈现学生就某专题历史的已有认识，有助于任课教师在掌握学生认识的基础上，修正学生的已有认识和引导学生形成正确科学的历史认识。伴随现代化信息技术的发展，大量网络历史资源的涌现，出现一些与传统认识有较大出入的所谓“历史认识”，却能以其“新奇”来博取包括历史学专业学生在内部分民众的关注。审视这些认识，尤其是在中国近代史方面，或放大某一历史细节，或过于注重对历史人物（历史事件）的道德评判，缺乏科学的历史性视野。就此，当学生在陈述过程中出现片面认识时，教师应以此为契机，引导学生认识这些错误认识的问题所在，并在马克思主义理论的指导下，形成科学、全面的历史认识。

总之，通过学生参与相关专题的教学活动，既可激发学生专业学习的积极性，又可让我们切实掌握和发现学生存在的认识空白和误区，并给予正确的引导。如此，“中国近代史”任课教师在提高课程教学质量、完善学生历史意识的同时，服务于促进当前社会的健康、持续发展。

三、注重和挖掘乡土历史资源

宏大历史图景往往是由诸多乡土历史所共同组成。对此，有学者提倡要在中国近代史纲要教学中运用乡土历史资源[①]。作为西北地区的民族院校，我院历史学专业生源很多来自西北、西南等民族地区，这对于“中国近代史”教学而言，同时存在着挑战和机遇双重因素。如何应对挑战、把握机遇，进而丰富和促进“中国近代史”教学，是值得大学专业教师深思的重要问题。

---

① 汤慧玲:《乡土历史资源在中国近代史纲要教学中的运用研究》，载《吉林广播电视大学学报》，2013年第2期。

首先，教师要充分做好相关知识准备来应对教学挑战。在中国近代社会发展历程中，太平天国的兴起、陕甘回民起义、边疆危机等诸多重大历史事件，均与西南、西北、东北等区域有直接关联。一旦遇到自己熟悉区域的历史，学生势必会表现出很大的学习激情，在这样的情况下，就须教师具备相应的教学内容。即教师要提前做好西北、西南等诸多历史知识的准备。如就陕甘回民起义的爆发原因，教师可参照马长寿的《同治年间陕西回民起义历史调查记录》、宁夏社会科学院主编的《西北回民起义研究资料汇编》[①] 等文献资料，来丰富和加深学生对西北回民起义爆发原因的历史认识。因此，为满足学生对于区域历史的需要，教师须投入精力来搜集相关历史文献和已有研究成果，进而保障课堂教学的专题知识需求和相关学术问题的阐释。

其次，调动学生的积极性来丰富教学内容，变教学挑战为教学机遇。在乡土历史资源挖掘方面，学生有先天优势，除对自己家乡的历史感兴趣外，还拥有相关区域历史人文背景知识的优势。如在讲述东北抗日的兴起原因时，可让来自东北地区的学生，尝试从区域文化（民众性格）角度进行自我分析，在展示东北民众社会心态的同时，引导专业学生掌握历史分析的理论和方法，同时丰富其他非东北地区的学生加深对东北区域历史文化的理解和认识。

最后，利用生源地丰富这一教学机遇，引导学生开展口述访谈、田野调查等学术活动，积累相关乡土历史资源。伴随学术研究的开展和社会发展的需要，口述访谈资料、民间文书等历史资料的挖掘和运用，已逐渐被学术界所重视。如山西大学社会史研究中心对集体化时代乡村资料的搜

---

① 马长寿主编:《同治年间陕西回民起义历史调查记录》，西安：陕西人民出版社，1993年；李范文等编:《西北回民起义研究资料汇编》，银川：宁夏人民出版社，1998年。

集、华东师范大学中国当代史研究中心对民间史料的搜集，并公开出版一批相关成果，如《山西抗战口述史》《中国当代民间史料集刊》[①] 等。乡土历史资源的积累，不仅拥有相关问题的资料基础，而且能有效地将科研转化成教学。鉴于此，教师可有效组织学生尝试开展西南、西北民族区域近代历史资料的搜集和调查，在帮助学生培养历史学素养的同时，促进相关教学资源的积累和丰富，同时有助于民族区域历史文化的教学科研长远发展。

综上所述，“中国近代史”课程作为历史学专业的重要基础课，在讲述相关专业基础知识的同时，还要培养学生辩证、全面、客观地分析历史的能力。因此，作为专业任课教师，必须要充分发挥主观能动性，在熟悉和掌握已有教学方式的基础上，结合当前社会发展需要和学院自身基础，进行课程教学改革与创新，设法调动学生的学习兴趣，在完成相应教学任务的同时，提升学生历史学基本素养，进而为学生将来服务于中华民族伟大复兴奠定坚实基础。

---

① 张成德等主编:《山西抗战口述史》，太原：山西人民出版社，2005年；华东师范大学中国当代史研究中心编:《中国当代民间史料集刊》(1—21)，北京：东方出版社，(2011—2018)年。

历史学专业本科生民族学类课程教学的思考

俄琼卓玛

（西北民族大学历史文化学院，甘肃兰州）

摘　要：中国多民族聚居和多元化的民族文化共存的现状，决定了民族学研究对我国社会发展各方面具有重要的指导价值。加之民族院校的特殊校情和人才培养体系的要求，决定了民族学课程在这类院校的本科阶段尤其是历史学专业教学工作中的重要性。然而，对历史学专业的学生在讲授民族学的课程时还应考虑其专业特点要与民族学专业有所区别。

关键词：历史学专业；民族学课程；教学

民族学，目前学术界越来越多的称之为文化人类学。在国外，早在19世纪，许多大学就普遍设有民族学系，建立有相关的研究机构。在国内，中华人民共和国成立后我们国家多所高校也迅速设立民族学专业，着重培养硕士及以上的高层次人才，随后为了完善人才培养系统，多数院校开始招收民族学专业的本科层次学生，完成基础理论的知识积累，以加强对高层次人才培养的支撑。

关于民族学，顾名思义它是以民族为研究对象的一门学科。民族学研究的内容涉及民族的社会、经济、文化、习俗各个方面，范围广泛，和社会科学中不少学科都有密切的联系，如历史学、考古学、社会学等等。而其中历史学与民族学的关系尤为密切。由于民族产生于人类社会的发展过程中，是一个历史范畴，因而民族学除研究民族的现状外，还必须研究民族的发生、发展和消亡的规律，这就要求民族学一定离不开历史研究。

事实上，民族学在许多国家已经发展成为培养通才的学科，许多学科专业的学生都需要具有民族学的相关知识。尤其是与民族学有着密切联系的历史学，从事史学研究的各类人才更加需要具备一定的民族学基本理论和知识，以免在专业研究时因相关知识理论的缺乏而导致研究受限，无法突破，甚至有因观点不妥等原因引起的民族冲突和矛盾。因此，现实决定了历史学专业已离不开民族学相关理论知识的学习。

中国多民族聚居和多元化的民族文化共存的现状众所周知，尤其是民族院校的特殊校情和人才培养体系的要求，决定了民族学课程在这类院校的本科阶段教学工作中的重要性。有部分院校已经将民族学的教学纳入覆盖全校所有学生的通识性课程当中，力图使学生具有民族学的基础常识。在这方面西北民族大学历史文化学院自20世纪90年代末即进行了有益尝试，在历史学专业本科生培养方案中设置了“民族学通论”课程作为学科平台必修课。为什么要在历史学专业开设民族学相关课程呢？这与民族学与历史学的研究内容不无关系。

从民族学自19世纪中叶在西方成为一门独立的学科起，便始终关注着对人类早期历史的研究。无论是最初的进化学派，到继之而起的播化学派、美国历史学派以及一战后的功能学派、二战后兴起的心理学派无不涉及历史研究。甚至，苏联的民族学家将民族学看作是历史学的一部分。

中华人民共和国建立后至改革开放前，中国的民族学研究受苏联影响很大，也是把民族学作为历史学的一部分。民族学与历史学相比，只是具体研究对象和方法的差异。因此，出现了全国性的将民族学并入历史系的转化现象。1956年，中央民族学院成立历史系，由著名民族史学家翁独健任主任，著名民族学家林耀华任副主任，该系设有民族学专业和民族学研究班，还设有民族学教研室、民族志教研室，并聘请苏联著名民族学家切博克萨罗夫来院任教，培养民族学研究生；开展民族学的教学和科研。此后，中央民族学院、广西民族学院、云南民族学院成立的历史系，均肩负着民族学的教学和科研。直到1980年10月，在贵阳召开首届全国民族学学术讨论会，大多数专家比较一致地认为：民族学是一门独立学科，不是历史学的一部分。于是，1983年中央民族学院在林耀华等民族学家的努力下，成立了民族学系，此后一些民族院校亦成立了民族学系或民族学专业，使民族学从历史学中分离出来，发展成了独立的学科。

然而，在中国历史学与民族学一直以来都是关系密切的两门学科，在很长一段时间内，许多民族学家都把历史学训练放在了更基础、更重要的位置。许多民族学家同时也是出色的民族历史学家。民族学家参与各民族历史的研究，也给中国民族史研究带来了新的观点和方法，促进了民族历史的研究。可以说民族学与历史学研究结合是中国民族学研究的重要特点。因此，对于历史学专业本科生来讲，必备的民族学基本理论和知识，无论对于现阶段学习和开展专业研究，抑或是日后进一步深造都是大有裨益的。

一段时期以来，史学研究面临危机，诸如史学理论趋于僵化，史学作用被忽视等，这些在很大程度上影响了大学历史专业的教学与研究。面对困境，高校历史专业教育的人士需要认真思考，历史学想要更好地服务于国家，发挥其应有的价值，一定要在研究理论、研究视角方面有所创新。

历史研究作为中国学术的重要组成部分，为社会制度的改革、社会文明的进步以及社会经济的发展提供了导向引领作用。尤其是历史研究对于增强民族自信心、提高国家凝聚力乃至维护领土完整而言必不可少。随着中国经济政治的崛起，边疆问题日益凸显。无论是与宗教、民族相关的西藏新疆问题，还是边界划定等诸多问题，史学研究均可为其提供翔实的历史依据。因此，需要大学历史专业教育为相关领域源源不断地输送从事历史专业工作的人才。在目前这个国家发展的黄金时期，社会需要大量的史学应用型人才，史学培养也要摆脱自身束缚，从相对狭小的学术研究领域走出来，参与到社会精神文明的建设中来。而民族学恰恰使历史学拓宽了研究的领域和视角，可见现阶段大学历史专业课程设置中民族学类课程的必要性。

然而，在历史学专业尤其是本科生中开设民族学类课程，在授课方面与民族学专业应有所不同，要符合历史学专业的特点。具体而言，民族学对历史学专业学生来说，是一门初次接触的学科，尤其对大学本科生而言，更是一种闻所未闻的新事物。因此，必须正确引导，使初次接触民族学的同学顺利跨过第一道门槛。应该积极激发学生的兴趣和求知探索欲，充分发挥他们的主观能动性，把他们作为课堂的主人，而教师在此过程中只是起到引导、启发的作用。通过民族学类课程的学习让历史学专业的学生具有民族学的基本常识、知道如何正确地认识和理解不同民族的历史、社会和文化，避免进化论的影响，以利于他们获得新的历史学研究视角，从而在今后的学习和工作中，能正确、恰当地面对民族和文化现象。因此，在教学要求上，除了掌握基础的知识，应将重点放在如何获得妥当的观察了解、评价民族与文化的视角和方法上，克服固有的思维方式。在对民族的理解和认识上，应将重点由族源、民族历史引向现实与民族关系上，要让学生知道，民族是一个历史的概念。

因此，作为历史学本科生的民族学类课程，其教学目标应是使学生掌握民族学的基本理论、主要内容和研究方法，培养学生运用科学世界观和方法论来观察、判断、研究、解释和对待民族文化问题，使之能正确地理解中华民族社会文化共同繁荣发展的重要性。在课程设置上具体来讲，可开设民族学专业的基础知识、基本理论课程，如民族学通论、民族学概论；内容设置上，既要讲授民族学的源流、中外民族的现状、也要讲授人类的起源、语言、生态环境、生产方式、民族文化和民族学的现实应用等问题。应将教学重点放在文化和民族关系的讲授上。同时，还应关注他们的社会实践，从而培养学生的社会责任感、社会参与意识、社会公德意识、理解民族的意识等，从而提高学生的人文素质。

在不同专业背景下民族学类课程的教学应与时俱进，注意更新教学内容，调整教学目的和教学重点。面对历史学专业的学生时，要注意将教学内容与学生的实际相结合，注意教学难度的把握，要保证学科的结构性知识体系完整的前提下，主动适应社会和现实需要，充分发展学科关注社会，关注现实的优势。可以说成功的民族学教学涉及教学中的方方面面，有的是体制方面的改革，有的是具体制度方面的转变，还要一些方法上的创新。

总体应考虑兼顾知识、学术、方法、理念、前沿性等的统筹，力争让历史学专业的学生既掌握欠缺的民族学知识，同时体会民族学多样的研究方法和理论，更进而习得民族学的学科专业素养，不仅仅简单地流于形式。

关于高校“博物馆陈列设计”课程教学的思考

吴伟
（西北民族大学历史文化学院，甘肃兰州）

摘　要：陈列展览是博物馆实现社会教育功能的主要途径，陈列设计工作在博物馆业务工作中占据着举足轻重的地位。在高校文博专业培养过程中，陈列设计课程未得到足够重视，普遍存在着教学内容与工作实际脱节、教学手段单一、缺乏策展实践等问题，应通过完善教学内容、丰富教学手段、打造实践平台来解决。

关键词：陈列设计；陈列内容；教学手段；策展实践

陈列展览是在一定的空间内，以文物、标本为基础，配合适当辅助展品，按一定主题、序列和艺术形式组合成的、进行直观教育和传播信息的展品群体。[①] 陈列展览是博物馆进行社会教育活动的主要手段，观众通过参观可以了解社会、自然历史与科学技术的发展过程和规律或某一学科的知识，集中反映了博物馆的性质和类型，体现了博物馆藏品、科学研究和管理工作的水平，是博物馆各项业务工作的综合成果，是衡量博物馆质量

① 王宏钧:《中国博物馆学基础》，上海：上海古籍出版社，2001年。

高低的重要标志。陈列展览是陈列设计工作的产物，因此，陈列设计工作在博物馆业务工作中占据着举足轻重的位置。

目前，本科、研究生阶段开设文物与博物馆学专业的国内高校已有数十所。“博物馆陈列设计”课程是这一专业的主要课程之一。由于办学历史和师资力量等原因，部分高校出现了“以文物与博物馆学招生，按考古学、文物学培养”的现象，这一点可以从各校培养方案上得到印证，文物学、考古学方面的课程比例要远大于博物馆学。以“博物馆陈列设计”课程为例，旨在培养学生陈列设计技能，与博物馆陈列设计工作密切相关，但在某些高校甚至未能作为独立的一门课，而只是作为“博物馆学概论”当中的一个章节，课时严重偏少，讲授内容上主要侧重理论知识，与策展实际脱节，如此培养出的人才，自然无法满足陈列设计工作的要求。有感于此，本文指出了“博物馆陈列设计”课程中存在的一些问题，并提出了解决方案，如有不妥，请各位专家指正。

一、教学内容与策展工作脱节

博物馆陈列设计是一项系统工程，需借助多种学科的知识体系、手段和方法。即便是单纯为了宣传和展销商品而作的展示设计，如橱窗设计、广告等，也已经涉及营销学、材料工艺学、色彩学、人体工程学、造型艺术和心理学等许多方面的知识和内容，更为复杂的博物馆陈列设计涉及学科则更多，有学者将涉及的相关学科分为显性和隐性两种。[①] 显性联系指的是在陈列设计的最后作品中留下了物化痕迹，如应用设备的材料与工艺、色彩，多媒体技术，现时人工媒体等，主要在艺术设计阶段运用，也

① 陈凌云:《浅述博物馆陈列设计的学科交叉性》，载《博物馆研究》，2006年第2期。

包括从内容的编排、展品的布置上可以观察到的有关学科知识的运用。与陈列设计具有显性联系的学科主要有：考古学、历史学、艺术学、自然科学、文学、建筑学、材料学、造型艺术、色彩学和人体工程学。所谓隐性联系，是指在陈列设计的最终产品中不能轻易被观众察觉的，或者说没有留下多少物化痕迹的联系。这方面相关的学科主要有语言学、符号学、传播学、教育学、心理学、信息论、营销论、广告学等。

这些相关学科看似和文物与博物馆学关系不大，实则关系着陈列设计的成败，如博物馆陈列设计中，平面设计是工作内容中的重头戏，如一、二级标题的设计、前言及各部分说明的设计、文物说明牌设计、图文版面设计及多媒体版面设计等，展览中大部分信息的传达都是靠上述平面设计工作来完成。文物、标本和辅助展品的说明牌可以包括展品的名称、体量、年代、用途、特性等内容。图文版中包括具体的展品内容，可以是由插画、照片、文字等不同形式组成。又如了解相关心理学知识，即可想观众所想，抓住观众的兴趣点，设想到观众的注意力、想象力、参观动向和对展览的态度等方面。陈列设计师在做展览前，首先要对展览进行定位，考虑好所做的展览针对哪类社会人群来参观或学习之用，是面向艺术爱好者，还是面向大众，找到该人群的兴趣点，并挖掘出相关信息，再匹配相关要素设计。由此看来，为了在陈列设计工作中得心应手，博物馆陈列设计师应具备相关素养，如平面设计、工程力学、心理学、教育学等。这些专业素养不能等待进入博物馆后再慢慢积累，需要我们在培养过程中给予学生相应训练，而这自然离不开相关课程的学习。我们可以通过开设平面设计、空间设计课程来培养学生的设计能力，开设心理学、教育学课程来培养学生把握观众心理的能力，开设相关工程课程，来培养学生施工制作方面的能力等。当然，这些课程不可能完全依赖文物与博物馆学专业师资力量，毕竟术业有专攻，我们可以充分利用高校公选课资源，指导学生选修平面设计、教育学、心理学等相关方面的课程，在上“博物馆陈列设计”课程以前，先修相关课程。以我校为例，现代教育技术学院和美术学院开设有平面设计的相关课程，而这些课又出现在学生全校公选课平台上，可以鼓励、指导学生选修。

通过完善课程设置，建立“博物馆陈列设计”为核心、其他相关学科课程为辅的课程体系，可以有效改善陈列设计方面课程薄弱的弊端，增进学生相关方面的素养，大大提升学生在陈列设计方面的能力。

二、缺乏有效教学手段

目前，“博物馆陈列设计”主要采用课堂理论授课，多以文字结合图片的PPT课件形式，基本是“念课本、读课件”，知识传递方式过于单一，教学效果不好。在教学过程中，经过我们的摸索，借鉴其他高校行之有效的经验，我们认为案例教学和现场教学是解决当前教学方法单一问题的有效途径，也是提高学生学习兴趣的有效办法。唯有如此，才能真正将理论与实践相结合。

案例教学是一种通过模拟或者重现现实生活中的一些场景，让学生把自己纳入案例场景，通过讨论或者研讨来进行学习的一种教学方法，可以通过分析、比较，研究各种各样成功和失败的案例，从中抽象出某些一般性的结论或原理，也可以让学生通过自己的思考或者他人的思考来拓宽自己的视野，从而丰富自己的知识。

在讲授陈列厅装修设计时，我们强调审美功能应服从实用功能。有部分同学提出疑义，认为精美的造型是吸引观众的利器，因此，审美功能更重要。为消除同学们的疑惑，我们提供部分因审美功能未能满足实用要求而造成文物损毁的案例供同学们分析。如湖北省某博物馆因装修不当而发生文物损毁，1998年6月，曾侯乙墓出土文物布展工作由湖北省某博物馆编钟馆筹备。在壁龛承重结构上，为了展出效果，施工方选择了木结构。结果，在2000年2月6日上午10时许，国宝级文物青铜器“九鼎八簋”壁龛顶上一块重达50公斤的玻璃垮塌，将其中两鼎两簋砸毁，损失无法估量。通过案例的讲解，学生可以更好地理解相关知识点。在讲授陈列内容与形式的关系时，我们强调内容要充实，如果形式大于内容，展线就会显得空洞。我们以部分博物馆失败的展线为案例，供学生分析。如湖南省某新建纪念馆，该馆占地80000平方米，在1200平方米的展区内，采用现代化陈列手段对纪念人物生平进行展示。整个展览对文物展品以外的设计花费了很大的心思，辅助展品及环境氛围让人眼花缭乱、目不暇接。但是，由于设计人员对纪念人物一生的学习研究不充分，致使整个展览效果不仅淡化了历史图片资料的珍贵性，还使人们不能专注文物展品。而与纪念馆数百米之遥的清末建筑——纪念人的故居，却给人留下了亲切、朴实、仰慕之感。在这里，才找回老一辈革命家的情怀以及让人们怀念的根基。可见，陈列形式的现代化并不能取代内容。讲解陈列手法时，我们注重将一些实例介绍给同学。如日本的一些布展手法新颖独到、别出心裁，“模拟场景应用了最新声、光、电科技成果：天花板洒向地面的投影，使人仿佛置身于蔚蓝的大海，耳边是汹涌的波涛声。”①

通过案例教学，学生对理论知识有了更深刻的了解，也使得枯燥的理论知识变得生动起来，课堂讨论氛围热烈，效果不错。

---

① 陈红、翟晓兰：《海那边，丝绸之路的延长线上——大遣唐使展布展纪实》，载《文博》，2010年第3期。

除了案例教学外，现场教学也是深受学生喜欢的一种教学方式，现场教学不是单纯地将课堂搬到了博物馆，而是分为了现场讲授和现场自学两个步骤。

现场讲授就是充分利用博物馆的实物性、直观性等有利条件，通过课堂讲授，在学生有了一定的理论基础后，组织学生到博物馆，分小组参观、讨论。这种参观不同于走马观花，而是带有极强的针对性，在陈列设计理论学习中不懂的、不易理解的问题，尽量通过这种实地参观、讨论、讲解去解决。如学生对于陈列设计对象——空间既是固定的，又是可变的，在课堂上不能理解。利用博物馆现场讲授的时机，我们会以某个陈列厅为例，指出该陈列厅在建筑落成时，其面积是固定的，而在布置展线时，我们又用展板、假墙等设备对其进行二度空间设计，在陈列厅内一目了然。如谈到陈列厅氛围时，同学们觉得很抽象，利用现场讲授的机会，我们可以让同学具体感受现场的氛围，对此有直观的感受，并进一步要求同学对不同类型、内容的展览都做观察。通过现场讲授，我们把不容易理解的地方巧妙地化解掉，解决了课程讲授中的难点，有利配合了课堂教学。

三、积极建设策展实践平台

缺乏策展实践是各高校文物与博物馆学专业学生普遍面临的问题。虽然，各高校对于策展实践重要性的认知已经有了长足进步，但囿于场地、经费、展品、设备等客观条件的限制，策展实践要么停留在撰写陈列大纲的纸面阶段，要么是“隔着玻璃看展览”，要么是听有办展经验的人员讲展览，这样的实践总有隔靴搔痒之感，学生难以通过实践去深化理论知识的认知，只不过是聊胜于无。

单纯过度依赖博物馆内实习，也是有弊端的。出于博物馆内藏品安全性、陈列设计工作特殊性的考虑，实习接收单位往往只同意实习生从事引导或讲解工作，而较少安排直接涉及文物的业务工作。而且，实习往往是在特定时间段内进行，在此时间段内，所实习的博物馆未必恰恰举办新展，即使举办新展，在时间紧、任务重的境况下，重要工作环节也未必会用没有策展经验的新手，而经验恰恰是博物馆陈列设计师所必需的。

既然博物馆实习并不能完全满足策展实践的需要，这就需要我们自己搭建实践平台，在长期摸索过程中，我们认为以下几种方式是可资借鉴的。

在实习单位的选择上，我们应更加灵活。以往，我们往往选择大型博物馆作为实习单位，策展实践的机会反而较少，我们可以选择一些中小型博物馆，尤其是偏远地区的市县级博物馆作为实习单位，他们有策展的实际工作需要，专业人才较少，更容易达成协议。近年来，新兴的博物馆陈列设计公司对学生而言，也是实习单位的不错选择，他们接收的业务较多，是非常好的锻炼机会。

以往，我们的视线往往局限在实体展览上，过分强调场地、展品、经费、设备等客观因素的限制作用。其实，在信息时代，我们认为数字博物馆对于策展实践来说，一样可以起到锻炼作用。数字博物馆是综合利用现代信息技术，以数字化形式展示文物的网上博物馆。它不受时间和空间的限制，突破了静态观看展品的形式，在互联网上实现博物馆信息资源的共享，让任何人可以在任何时间、任何地点获取自己所需要的信息。借助于计算机技术，我们可以有效克服场地、经费等难题。部分高校在此方面已经迈出了第一步，如南京师范大学社会发展学院数字博物馆研究团队设计的“南京教育史数字博物馆”[①]，该团队根据南师大悠久的教育历史，以点观面，选定“南京教育史”作为主题，运用网页制作、数据库录入、多媒体制作等网络技术构建出数字博物馆。

充分整合本校教学资源，为策展实践提供便利条件。开设文物与博物馆学专业的高校多是偏重人文社会科学或综合性的大学，多数都建有博物馆，以甘肃省高校为例，兰州大学有兰大博物馆，西北民族大学有西北民族博物馆，西北师范大学有西北师范大学博物馆，甘肃中医学院有中医药博物馆。我们应充分利用这一便利条件，解决策展中的场地和展品问题。对博物馆来说，更新展览也可以激发师生的参观欲望，可谓是一举多得的好事情。如四川大学博物馆学专业以四川大学博物馆原考古厅为实验场地，进行了题为“大地之书——一起来考古”的改展。我校博物馆专业在此方面也已经进行了数年实践，取得了良好的效果。如在2010—2016年，我校文物与博物馆学专业先后举办了中国历代古钱币展、童年记忆展、文物保护展等多个校园微展览，吸引了众多师生驻足参观，且反响良好。让学生自己动手办展的目的，就在于使学生了解陈列大纲的文本格式及撰写要求，熟悉策展的各个流程和环节，最重要的是积累经验，而对于博物馆陈列设计师来说，经验恰恰是最宝贵的财富。

我们认为，通过改变观念，不局限于大博物馆内实习，鼓励学生创办数字化博物馆，为学生创造条件，搭建策展实践平台，可以有效改善策展实践不足的问题。

---

① 南京教育史数字博物馆的网址：www.njjys.net。

四、结语

博物馆学自1980年在南开大学设立以来，得到快速发展，但在课程设置和学科建设上还存在不少问题，与博物馆实际业务工作还存在着脱节。如在陈列设计教学上，存在着教学内容薄弱、手段单一、缺乏实践等问题，需要我们完善课程设置和丰富教学内容，引入案例教学和现场教学，积极为学生搭建策展实践平台。唯有如此，才能培养出合格的文物与博物馆学专业人才，才能真正胜任文博单位的业务工作。

文博专业实习的理论与实践探索

赵光国
（西北民族大学历史文化学院，甘肃兰州）

摘　要：专业实习是大学生实践实训的重要体现形式，在培养方案中对专业实习做出适时适量的限定；贯彻专业知识和思想政治教育两手抓；实现各方良好互动；落实课内与课外，教学与管理，过程与成效，建设与发展的有机结合，以形成良好的专业实习理念，以构建良好的运行模式。

关键词：实践实训；专业实习；培养方案；模式

与校内实践实训相对应，专业实习是大学生校外实践实训最重要的体现形式，在专业实习模式的探索中，应切实做到依据一个方案（培养方案），贯彻两种教育，推进三种模式，落实四项结合的具体方法。以下结合我校文物与博物馆学专业实习的具体情况，聊作阐释。

一、修订培养方案，构建完善的专业实习机制

从现有的专业实习情况看，在培养方案中对专业实习做出适时、适量

的限定，灵活调整大学生培养计划是非常有必要的。

一方面，在伴随教学全过程的同时，专业实习也必须有集中的实践和培训环节。就专业实习的时间点来看，以定在大二下半学年为宜。一是，通过一年半的专业学习，学生已学习和接触了本专业所需的基础知识和基本技能，初步具备了从事相关专业实践工作的技术和能力。在前三个学期，文物与博物馆学专业学生已经学习了考古学通论、博物馆学概论、博物馆陈列设计、文物摄影等专业基础课程，选修了博物馆专题讲座、中国考古学史、中国古代金银器等学科和专业平台课程，形成了一定的专业认知。二是，大二下半学年进行专业实习，可避开大三学生面临考研、考公务员进行复习的时间需求，便于将热爱专业工作，并有从事专业实习激情的学生安置到专业实习单位，从事专业实习，以大幅度提高学生从事实际工作的业务技能。

另一方面，专业实习具有课程实习实践和专业技能培养的双重性质，是将课堂理论知识真正落到实处的必须环节，故此，专业实习中，量的把握也至关重要。在实际操作中，我们将专业实习分为长期与短期两类，长期专业实习，以参加合作单位的考古工地发掘、资料整理等为主要内容，为深入学习专业知识打下先期基础，适用于有志于在考古学及博物馆学领域进一步深造和直接从事相关工作的学生。短期专业实习，以在考古工地、博物馆等进行实践与观摩为主要内容，适用于需要通过接触文物考古一线工作，加深并形成专业认知，以确定发展方向的学生。

完善的专业实习机制构建，需要在培养方案中提出具体的实习时段和学分要求，明确专业实习的目标与任务，在进行专业教育和思想动员的时候也就顺理成章了。

二、专业教育和思想教育并重，组建态度端正、工作高效的专业实习队伍

没有系统的专业教育就缺乏从事专业实习的技能，没有扎实的思想教育就缺少从事实际工作的激情和动力，加强文博专业的实践技能训练尤为重要[①]。

第一，专业教育是做好实习工作的基础。专业知识的再教育是学生专业知识技能由理论到实践的转化过程，会直接影响到实习工作的成果和实习效应。因此，专业实习中，必须结合专业实习的不同阶段，根据实际工作情况，充分运用有效时间进行专业知识的再教育，提出明确的专业要求和工作规范，并严格执行。这一教育过程需要不断地强调、重复和检查落实，只有这样，才能符合专业工作的技术要求，才能让学生树立对科学工作的严谨态度，形成良好的职业道德规范。

第二，思想教育是保证专业实习顺利和取得良好成果的保障。在组织实习期间，人员选择、地点确定、实习过程、报告撰写的全过程，均需要充分考虑思想政治教育的有关问题，特别是实习过程中涉及的生活、信仰、安全等较为突出的问题，都需要专门的思政教育或心理工作人员专门负责。如，结合穆斯林学生的生活饮食习惯，考虑联系特定实习单位等。再如，在思想认识和观念认同上，学生与合作各方人员存在一些差异，应及时引导和教育学生，树立正确的思想价值观念，恰当处理人际关系和形成良好的专业合作意识。

只有将专业教育与思想教育紧密结合，才能组建态度端正、工作高效

---

① 黄惠运、刘启昕：《关于文物与博物馆学专业教育与学习的思考》，载《读与写杂志》，2015年第11期，第55页。

的专业实习队伍，这是我们同实习单位和地方单位实现良好合作的基础。

三、构建由弱到强的三种专业实习合作模式

根据文博专业的实践需求，结合文博单位的合作意向，我们尝试进行了以下三种模式的实践尝试，并将其在与地方文博单位的合作过程中逐步稳定下来，现略述如下。

第一种，间断与间接的人员联系。我们与地方文博单位的专业实习工作采取了一种渐进的方式。最早是通过教师或学生个人与相关文博单位取得联系，寻找实践、实习地点，寻求增强专业实践训练的机会，主动联系了全国各地各级、各类博物馆、文物考古研究院（所）、地方文化（广）局、文管所等文博部门。这类分散、间接联系的单位很多，在此不予列举。学校在推荐文博专业学生到这些单位进行分散的实习、实践，进一步学习文博知识，培养专业技能的同时，也与相当多的单位取得了联系。从整体来看，大部分学生的实践效果良好，一方面为我校文博专业博取了声望，另一方面，也为我们与这些单位开展较为深入的联系与合作创造了条件。

第二种，相对固定的专业实习场所。相对固定的专业实习场所是我们在文博专业设立之初就着手联系和建立的较为稳妥的文博单位。这些单位一般具有距离学校近、从业人员少、知识和技术力量缺乏的特点，同时，在历史学专业发展的基础上，这些单位也与学院建立了较为长期的交流与联系。我们正是以此为渠道，与这些单位在信息交流、研究课题等方面开展了进一步的合作，正在准备将专业教师和学生派赴这些地方进行专业调研，开展专业性更强的实践实训活动，也促进了我们教学和科研工作的开

展。近几年，相关专业人员赴青海、河南、湖南等地进行专业调研，与当地文物考古研究院（所）达成初步协议，其同意我院学生在其主持的发掘工地进行专业实习，并在以后的实践中将这种合作以深化。

第三种，稳定的教学实习基地。通过教师联系，学校支持，学院力行，我们已经在以上两种合作模式的基础上做了进一步推进，已与甘肃省博物馆、宝鸡中国青铜器博物院、广河县齐家文化博物馆、临夏州博物馆、榆中县博物馆等签订了实习协议并建立了实习基地，确立了较为稳定的联系，为我校文博类专业学生实习实践工作构建了良好平台。我们可以借此维持相对固定的专业实习场所，并期望通过高校的知识、技术和人力资源输出，采取多渠道的合作形式，将这种相对固定的专业实习模式进一步深入拓展。当然，稳定教学实习基地的建立，或仅相当于吉林大学文博专业教学基地建设在21世纪初的阶段[①]，与地方文博单位的友好合作，以及共同开发和研究等具实效性的工作，还有待我们做更多的努力。

以上三种可行的合作方式是我们在教学工作中逐渐尝试与摸索出来的不同方案。他们相辅相成，构成了相对稳妥、合理的实习、实训模式，较为有效地促进了文博专业实习工作的开展。

四、形成课内与课外相结合，教学与管理相结合，过程与成效相结合，建设与发展相结合的专业实习理念

专业实习是课堂知识的延伸，也是教学成效的体现，如何实现从理论到实践的完美转型，不仅是实习成果的展示，也包含教育教学理念的

① 吕军、刘爽、冯楠：《高校文物与博物馆学专业实践教学基地建设的几个问题》，载《博物馆研究》，2015年第4期，第51页。

转变。

首先，培育符合社会需求的合格人才一直是高校教育工作的重要目标，而专业实习就是考证这一现实目标的战场，其本身就是课内知识与课外技能的结合。课堂中，教师传授的不仅是教材或资料的知识，还有老师在实际工作中的经验，也包括了做事做人的方法和道理。学生能听到多少，接受多少，落实多少，与学生的主观意识密切相关，不仅仅是老师单方面能决定的问题，在某种程度上说，这也反映了教学与管理的结合。一个完整的实习过程，每一个环节都是对学生所知、所学进行实践验证的过程，学生的一思一想，一举一动，都关系着学生本人，乃至整个实习队伍的成效确定，学生想不想，能不能，在实习过程中把对专业的情感，对事业的态度，以及做人的理念落到实处，就是一个需要我们综合考虑的问题了，毕竟教学、管理、实习、实践的过程是一个密不可分的有机整体。

其次，作为实践实训的最重要体现，专业实习是高校专业培养水平的体现。我们须将专业实习作为一个综合评价的考量场，教师应当将日常的教学目标放置在人才培育的天平上，让学生为实践而学，为生存而学。专业实习每一环节的成效或结果，都可以作为衡量学生学习效果和我们培养质量的评价指标，思想深处的理解和珍视才是达到良好实习成果的基石。同时，详尽的实习计划，严密的筹划组织，严肃的实习态度，科学的实习成果，完美的实习氛围是专业实习追求的最终效果。因此，建立有效的培养和监管体系[①] 是实践实训，也是专业发展的动力。

总之，专业实习是实践实训的有机组成部分，一次成功的专业实习，

① 刘家昆、顾贵学:《理工科院校法学专业实习模式探索》，载《辽宁工程技术大学学报》（社会科学版），2010年第2期，第212页。

不是一个单位，一个人，也不是偶然的实习机会造就的，这需要我们在培养方案、实习计划、过程组织、多方协作，特别是把控专业实习质量、完善学生导向的专业实习理念[①] 等方面做更多工作。

① 孙军:《树立学生导向的专业实习理念 —— 美国高校档案学专业实习规划的启示》，载《环球视野》，2013年第1期，第19 — 22页。

渗透式课堂教学模式

——以“考古学通论”为例

李慧冬
（西北民族大学历史文化学院，甘肃兰州）

摘　要：个体发展深受环境影响。对高校教师来说，如何充分利用好有限的课堂时间，是值得探讨的。本文以“考古学通论”的教学实践为例，从自主探究能力的培养、学术规范以及双语教学等方面，阐释了渗透式课堂教学模式的可行性。

关键词：环境；考古学通论；渗透式课堂教学

“孟母三迁”，“终日耳濡目染，不学自会三分”，这些自古受人称颂的话语都在说明一个问题，即环境对人的发展起着十分重要的作用。众所周知，环境包括三个方面：自然环境、社会环境和家庭环境。环境是个体发展的资源，为个体的发展提供了可能与限制；环境对人的影响既取决于环境自身，也取决于个体意识的发展水平；环境对人的发展的影响最终取决于个体主观能动性的发挥。

对于绝大多数住校的大学生来说，他们所处的主要环境就是校园这个相对独立的迷你社会环境。教室是他们日常活动的主要场所之一。时间有限的课堂不仅仅是吸收知识，交流信息的地方，更是一个与老师们、同学们交流情感的局部小环境。作为处于信息大爆炸时代、受过较高系统英语教育的高校教师，如何利用好这个有时空限制的特殊环境，实现为人师者“传道、授业、解惑”之终极目标，是个值得认真思考的问题。

自2015年3月入职以来，笔者一直在教学一线为历史学、文物与博物馆学、文物保护技术专业的学生讲授“考古学通论”。该课程为专业必修课，考核方式为考试，共72学时，4学分，这样的设置足见其作为专业基础课程的重要性。鉴于此，笔者致力于在课堂上夯实学生的基础知识、拓宽视野，强调学术规范并付诸练习，创设专业英语环境，并称之为“渗透式课堂教学模式（infiltration teaching model）”。现将两年多来的渗透式课堂经验做一阶段性介绍与总结，以期引起大家对渗透式课堂教学方式的关注，共同营造一个可供大学生实现自主探究的双语学习环境，一起来提高课堂教学质量，培养出符合当下社会实际需求的合格大学生。

经过长期的相处与多方面观察，笔者注意到我校的本科生普遍具有以下特点：来源复杂、基础差、自主学习与独立探究能力低、学术意识与学术规范意识薄弱。针对以上特点，笔者在每学期的第一次课堂上，首先明确学生最关心的“考古学通论”这门课程的性质、课时、学分、期中与期末考核方式；然后提出本门课程课堂学习的方法：课前预习、课堂互动与动手写作、课后阅读。之后，剩下的所有时间是自由提问。预期是师生互动，但从实际效果看，主要是老师回答学生们提出的各种各样的问题，不只是专业课程方面的，还可以是情感的、兴趣爱好的、就业的，也可以是关于老师自身的求学、工作与留学经历等等，不一而足。通过这样轻松惬意的聊天方式，可以初步了解学生的家庭环境、学习习惯、当前的心理状态与对毕业后的期待等等。这些看来无用的信息，可以帮助老师调整已经备好了的教学方案，使之在深度、广度等方面更适合学生们的实际基础、接受能力、英语水平以及将来开展有针对性的学术规范练习，更为重要的是，有助于设计如何在课堂上开展对上述能力提高训练的有效渗透。

在初步掌握学生的基本情况以后，就可以有针对性的、在各个教学环节开展“渗透式课堂”教学模式了。现将基本模式介绍如下。

一、对自主探究能力培养的渗透

从世界学术界来看，考古学是一门比较年轻，同时也是飞速发展的学科。我国考古学发展也不例外，近20年来，随着黄河、长江流域等主要考古学文化区域的文化发展谱系与时空框架的基本建立，我国考古学的研究重心逐渐向古代社会研究转移。与之相适应的是，国内考古学研究的理论、方法和技术都在发生着深刻变化。作为介绍我国考古学发展的、概论性质的专业基础课程，选择一本与时俱进的教材十分必要。作为“马克思主义理论研究和建设工程重点教材”之一的《考古学概论》[①] 就是这样一本反映我国目前考古学发展实际现状的教材。该教材在帮助大学生逐步熟悉和掌握考古学的相关概念、技术、方法和理论的基础上，把考古学的基本技术和方法，如考古地层学、考古类型学、文化因素分析等，融会贯通于个案研究之中，带领学生逐渐进入考古学研究的科学殿堂。

那么，如何发挥好一本好教材应有的作用？除了教师的引导因素外，学生们的独立自学与探究能力是关键。对于不同专业的学生来说，对《考古学概论》的理解与接受程度也不同。但在实际教学中，是没有专业区

① 《考古学概论》编写组:《考古学概论》，北京：高等教育出版社，2015年。

别的。所以，课前预习就成了上好这门课的重头戏。预习的重要性不言而喻，问题在于采用什么形式的预习。针对我们学生的特点，笔者将预习形式锁定在了“问题—解答（Q–A）”。提前将下一次课所要学习的内容布置给学生，同时给出5—10个问题，包括知识性的、课后思考题以及相关社会热点问题，包括至少1个带有总结性的大问题。让学生带着问题去读教材更有目的性，遇到不懂的、不会的，还可以利用网络资源以及与小组成员相互讨论来解决。这样课堂上只需要解决难点、重点与考点，不仅可以节约有限的课堂时间，更重要的是让学生在自学过程中树立起问题意识、合作意识，体会到成就感，从而对这门课程投入更多的热情与精力。

“凡事预则立，不预则废。”做好了预习功课，在课堂上仍然要给学生留出一定的浏览教材的时间，一方面是为了给学生留出静下心来再一次熟悉教学内容的时间；另一方面是为了给他们重新组织思路与语言的时间。之所以强调这一点，是因为在笔者的课堂上，尽量避免传统的灌输式教学模式（traditional “jug and mug” teaching model），将课堂的主动权切实交还给学习活动的主体——学生自己。这种“问—答（Q–A）”方式也主要是在学生之间互动，学生问、学生答，对于一般知识性的问题，学生都可以解决。有些有疑问的、有争议的问题，可以先组织学生分组讨论，让学生选出小组代表到讲台上陈述观点，然后再讨论。有些不能通过这种方式解决的，可以由教师先做总结、陈述，然后引导学生变换角度思考，进而推荐参考文献，让感兴趣的学生到课下进行深度探究。在学生的二次讨论过程中，鼓励学生在规定的时间内利用网络资源快速准确地查询到所需要的信息，这也是对学生自主探究能力的一种有意识的、潜移默化的培养。

这一“问—答”过程一般控制在第一个时段内。那么第二个时段做什么呢？首先要口头复习第一堂课的内容，由教师或学生就教学内容的重点和难点进行提问，以期当堂学习、当堂巩固、当堂消化吸收，以免过多占用学生的课下时间。剩余的时间就是让学生动脑、动笔了——“将本节课教学内容看作一篇独立的学术论文，请写出符合毕业论文格式的‘摘要’与‘关键词’”。“摘要”限定在200字以内，“关键词”要求3—5个。之所以采用这种当堂写作的方式，是基于笔者对自入职以来参加过（或旁听）的历次本科（或硕士研究生）毕业论文答辩时出现最多的问题的总结。现在的大学生活，基本上生活在网络的世界，他们通过网站、QQ、微博、微信来获取信息，但这些信息基本上都是碎片式的，缺乏系统性、连贯性，不利于学生知识系统性与思维思辨能力的培养。在语言学习的四大能力——听、说、读、写培养中，“写”其实是最难的，因为“写”是一个将个人“内化（internalization）”了的认知完全“外化（externalization）”给别人看的过程，可以真实地显示出一个人的思辨能力、逻辑能力、语言组织能力与书面表达能力等。“好记性不如烂笔头”，“写”的过程能充分暴露出学生对第一时段教学内容的掌握程度、“内化”程度，尤其是锻炼了学生们将已有的知识与经验精确“外化”的能力。“写”这一环节一般控制在15—20分钟。要留出一定的时间给教师批改至少2个学生的“摘要”与“关键词”，以便于及时发现普遍存在的问题，进行集体纠正。其余学生的习作，可以全部上交或部分上交，视难度而定。批改过后，要在下一次课的第二个时段进行点评，让学生知道自己的习作在哪些方面取得了进步，哪些方面还存在问题，以便于在今后的习作中进行修正。这是一个漫长的“润物细无声”的过程，教师一定要耐心与细心，适时地予以批评或鼓励，陪着学生一起慢慢地进步。

二、学术规范的渗透

“师者，所以传道授业解惑也。”上文就课堂教学中的主要目标——“解惑”与“授业”进行了渗透。下面展开论述课堂教学过程中对“传道”如何进行渗透。与中学教育完全不同的是，大学教育更注重对一个人学术能力的培养。本科教育水平的最终考核方式是写出一篇符合学术规范的毕业论文。因此，对本科生传的“道”就应该是“学术意识”“学术道德”与“学术规范”。

教育部十分重视本科生学术道德建设，先后两次发文强调“要加强毕业设计（论文）环节的学风建设。要通过各种途径和方式加强对学生的学风教育，使学生理解毕业实习、毕业设计（论文）的目的和意义，充分认识到做好毕业设计（论文）对自身思想品德、业务水平、工作能力和综合素质的提高具有深远的影响。要建立严格的管理制度，倡导科学、求实、勇于创新、团结协作的优良学风，切实纠正毕业设计（论文）脱离实际的倾向，严肃处理弄虚作假、抄袭等不良行为。”强调“高等学校要通过校内报刊、电台、电视台、网络、宣传橱窗等各种有效途径和形式，广泛深入地开展学术道德宣传教育活动，……，努力营造以遵守学术道德为荣、以违反学术道德为耻的良好氛围。”①

目前，已有不少教育者、学者从本科生学术道德现状、失范的主要原

① 《教育部办公厅关于加强普通高等学校毕业设计（论文）工作的通知》（2004年4月8日）；《教育部关于严肃处理高等学校学术不端行为的通知》（2009年3月19日）。引自http://www.moe.gov.cn/publicfiles/business/htmlfiles/moe/s3103/201001/xxgk_80681.html。2017年4月5日。

因、应对措施等方面进行了研究①。那么，什么是学术？什么是学术道德？什么是学术规范？学术界早已给出答案。本文将结合笔者的“考古学通论”渗透式课堂教学实践进行阐述。

任何良性发展的事物，都少不了规范与界定，没有“规”“矩”，不成方圆。如果没有良好的学术生态、学术环境与相关的制度保障，就不会有良性发展的学术循坏。做人、做事、做学问，都离不开“规”“矩”，都必须“有章可循”，这应是一条普世原则。国有国法，行有行规，考古学界自然也不例外。一个真正从事考古学工作与研究的人自入行起，就遵守着李济先生以身垂范的、不成文的行规——“考古，不藏古”。

担任过12年斯坦福大学校长的《科学》(*Science*)杂志主编唐纳德·肯尼迪(Donald Kennedy)曾言：“就为学术生涯做准备而言，没有什么事情比正当的学术行为更为重要的了。”这也是笔者坚持在“考古学通论”课堂上进行学术道德与学术规范渗透的最重要的原因。具体操作如下：

首先，在课堂讲授过程中，尽可能采用多种方式呈现考古学专业术语，如口头，板书，PPT，考古调查、勘探与发掘现场的照片，考古视频等，使相对陌生、抽象的术语变得生动形象，易于理解与记忆。只有正确而又熟练地使用专业术语，才有可能写出一篇合格的专业论文。

其次，每讲授一个专题时，都要给学生推荐最新出版或发表的研究论著、期刊文章、报刊文章与硕士论文等，而且更重要的是，必须将上述推

① 主要有刘慧：《高等教育新常态背景下提高本科毕业论文质量的探讨》，载《高等农业教育》，2016年第6期，第44—47页；葛子墨：《科学道德、学术规范与本科生学风制度建设》，载《佳木斯职业学院学报》，2015年第1期，第248—249页；杜芳、吕佳：《通过毕业论文(设计)环节培养本科生科研能力的几点体会》，载《中国林业教育》，2015年第5期，第12—14页；刘冠、李鸣放、梁亚红、赵立莹：《预防学术不端、提升学位论文质量》，载《西安建筑科技大学学报(社会科学版)》，2010年第2期，第83—87页；朱缨：《学术规范教育及其制度安排研究》，南京：南京大学，2013年；徐卫民：《本科生科研道德规范研究》，福州：福建师范大学，2010年。

荐的毕业论文中参考文献的格式呈现在PPT上，其中包括了标点符号的正确使用。比如，在讲到“导论”第二节“考古学的研究对象”中的“实验室提供的信息”时，除了课本第14页上的脚注“中国社会科学院考古研究所著:《科技考古的方法与应用》，北京：文物出版社，2012年。”以外，还要简要介绍该领域内近年来以其他形式发表的最新研究成果，如：

丛书类

中国社会科学院考古研究所科技考古中心著:《科技考古》(第四辑)，北京：科学出版社，2015年。

报刊类

袁靖:《“科技考古”名称的由来》，载《中国文物报》，2017年2月24日第006版。

期刊类

[以色列]史蒂夫·韦纳著、吴双译:《考古学、考古科技和整合的考古学》，载《南方文物》，2015年第3期，第213—215页。

此外，对于学生经常忽略的细节要用加粗、不同字号或不同颜色予以突出，引起重视。

清乾隆蘅塘退士孙洙在对《唐诗三百首》的题词中说，“熟读唐诗三百首，不会作诗也会吟。”一语道破了研读经典的重要性。因此，在每一章结束时，笔者都要推荐学生阅读与课堂内容密切相关的、考古学业内大家的经典性研究文章。课前分组讨论该论文的选题、研究思路、篇章结构、论证手法、脚注与参考文献格式、行文用词、过渡转承等，并制作PPT。然后在课堂上共同分享、讨论、学习。只要持之以恒地研读，必然会有意想不到的收获。

三、双语教学的语言渗透

我国现行的学科分类体系源于西方，是20世纪初西学东渐的产物，以科学田野考古发掘为标志的考古学通过日本传播到我国。1921年10月瑞典地质学家安特生（Johan Gunnar Anderson，1874—1960）在河南省渑池县仰韶村发现并发掘了以彩陶为主的新石器时代遗址。目前学术界普遍认为，这一事件标志着我国考古学的诞生。1923年，安特生以英文发表《中华远古之文化》（*An Early Chinese Culture*），“成为中国现代考古学的开创之作，提出了‘仰韶文化’的概念，并探索了仰韶彩陶与中亚彩陶之间的文化关系，如飓风般引起了国际学术界的高度关注和纷纷讨论。”[①] 李济、梁思永、吴金鼎等考古学先辈也都曾在国外的知名期刊上发表文章，介绍中国考古学的最新发现与研究成果。在改革开放的大背景下，中外学术交流日益频繁和密切，考古学是其中开展较早并且受国外影响较大的学科。一方面是一部分国内学者或留学生到国外访问或学习；另一方面，一些国外学者到中国进行学术访问甚至是讲学。这其中以张光直1984年先后在北京大学和山东大学的专题演讲影响最大。尤其是1991年国家文物局颁布了《中华人民共和国考古工作涉外管理办法》，从法律层面开启了开展中外合作考古的大门。之后每年都有数项中外合作考古。这些活动为我国考古学的发展培养了一批批熟悉国外考古学理论、方法与技术的人才，极大地推动了中国考古学“走出国门”。

“中国社会科学院考古研究所为了推进中国考古学成果的对外宣传，促进中外学术交流，弘扬中华民族的悠久历史和灿烂文化，于2001年正式

---

① 陈洪波:《安特生：中国现代考古学的开山人》，载《大众考古》，2013年第1期，第29—32页。

创办《中国考古学》(英文版)。该刊为考古专业学术性刊物，内容是上一年度的重要考古发现及研究成果，旨在将中国考古学的重大发现及研究成果及时推向国际学术界。”①

方辉在“教育部社会科学委员会历史学学部2012年度工作会议暨考古学学科建设研讨会”上发言②，认为：自1991年2月22日国家文物局发布《中华人民共和国考古工作涉外管理办法》以来的20多年的实践表明，在考古学科理论、技术和方法层面上，国际交流与合作所带来的提升是有目共睹的。但是，“目前高校考古专业课程的设置中有关‘外国考古学’的内容极少”，“中国人了解外国考古大多还只是来源于中学、大学的世界历史教科书。反观西方，他们的考古工作从一开始就具有全球性，其主要考古工作大都在本国以外的近东(两河流域)、北非(埃及)和中美洲(墨西哥、洪都拉斯等)。”他建议，增加“外国考古学”实属必然。一方面，这是学科因应国家高层次人才培养的战略需求；另一方面，也是学科自身发展的需要、考古学国际化建设的要求。要实现真正的“走出去”，必须发展外国考古学，了解国外学科发展动态，甚至于直接参与到国际考古学的实践中，改变“关起门来过日子”的现状。总之，考古学学科目前处于一个良好的发展态势，但存在的问题也需要予以正视。借此学科调整与规划之际，立足于坚实的学科基础，着眼于当下实践，面向未来，面向世界，制定出符合实际需求与未来发展需要的学科规划，是学界及业内人士的共同心声。

令人振奋的是，2017年3月2日上午，“中国社会科学院外国考古研究

① 杨焕新:《〈中国考古学〉(英文版第一卷出版发行)》，载《考古》，2002年第4期，第28页。

② 方辉:《立足当下　面向未来　面向世界：关于现阶段考古学学科建设的思考与建议》，载《南方文物》，2013年第1期，第24—27页。

中心成立仪式暨赴外考古新发现论坛”在中国社会科学院考古研究所举行，这一举措从国家层面上吹响了海外考古集结号。该机构的成立旨在“集协调、研究、资料整合、人才培养于一体，使中国考古逐渐参与到世界历史的解释和说明过程中。”在成立大会上，与会的各位学者、教授均提出要加强中国学者在世界文明研究中的话语权，树立文化大国形象。同时还指出，“中国考古想要真正‘走出去’必须重视起人才培养、语言学习和知识结构等关键因素。”①

作为培养考古学专业人才的最基层单位，高校教师有责任、有义务在进行相关课程的讲授时，进行双语教学，不论是中英文、中俄文，还是中日文。还是以“考古学通论”为例，在开学第一课上，一方面跟学生们讲清楚，以后的课堂上要双语教学，让他们有心理准备，进而尽可能做好英语方面的准备；另一方面，在推荐资料时，也要有英文图书和网站。在课堂上，简单的对话和专业术语必须用英文进行，难一些的可以在PPT上标示出来。随着学生对这一模式的熟悉，以及专业英语词汇的扩展，可以找一些简单的相关文章让学生翻译，以便于及时了解世界考古学的发展趋势和学术前沿。另外，坚持双语学习还可以提高大学英语四、六级考试的通过率。

四、结语

在整个教学过程中，笔者秉持一种观点：我们的学生已经是具有独立思维的成年人了。如果说，“学习是一场自己与惰性之间的战斗”，那么，

---

① 贺云翱:《考古学走向国家化是重要的学术方向和社会需求》，载《大众考古》，2015年第7期，第1页。

我们能做的是力所能及地从各个方面积极引导学生找到自己的兴趣点，帮助他们找到适合自己的学习方法，学会自主学习与规划，以适应高速发展的社会需求。大学四年时间不短，如果所有的老师都能坚持渗透式教学模式，那么“润物细无声”的效果应该是惊人的。

当前中国经济已经高度全球化，我国考古学的公众认知度还很低，国际化程度更低。愿老师、学校和社会各界共同努力，培养出具有终身学习能力、具有爱国意识、具有国际视野的学生。“愿少年，乘风破浪，他日毋忘化雨功。”①

① 汪曾祺:《徙》，见汪曾祺:《汪曾祺作品精华本》(精装版)，武汉：长江文艺出版社，2014年，第105页。

本科生导师制对策分析*

张少昀
（西北民族大学历史文化学院，甘肃兰州）

摘　要：本科生导师制是21世纪高等学校培养学生中极其重要的一环，国内很多高校开始实施本科生导师制，基于此，2012年西北民族大学历史文化学院也开始实行本科生导师制。但是，由于首次实施，出现了各种问题。针对这些问题，从明确目标定位、加深师生对导师制的认知、加强师生间的交流互动、优化导师制运行机制、加强制度体系建设与保障等方面提出进一步改进措施，希望在以后的实施过程中能够更好地促进本科生导师制的作用发挥，努力提高本科人才培养质量。

关键词：本科生；导师制；交流互动；制度体系；保障

本科生导师制是指在高校的本科生教育阶段，在坚持辅导员制的基础上，以制度的形式要求专业教师和具有专业背景的党政管理人员负责对一定数量的本科生进行学习、生活、思想及发展方面的指导，旨在提高学生

* 本文系西北民族大学2019年校级教育教学改革研究项目“本科生导师制的研究与实践”阶段性研究成果。

的综合素质，突出对学生科研实践能力、创新意识的培养，促进学生知识、能力和素质的协调发展。2002年北京师范大学率先实施了本科生导师制，随后国内许多大学也开始小范围实施本科生导师制。2012年西北民族大学历史文化学院也开始实行本科生导师制，将不同年级、不同专业的学生平均分配给各专任教师。但在实施导师制的过程中出现了诸多问题，如：本科生导师制的培养对象与未进入“本导”行列的学生之间没有显著差异。同时我们发现，师生对于本科生导师制的必要性是认可的，但是对实施效果不太满意。本科生导师制在目标定位、师生关系、制度体系、交流形式、导师制的认知等方面存在种种弊端，致使我院的本科生导师制效果不够理想。因此，面对这些问题，如何发挥导师制的作用及应用于学生成为我们研究的重点；同时也希望通过对本科生导师制的改革，以期为本科生导师制的改革与推广提供一定的参考，使导师制能够真正做到为学生服务，培养全面发展的新时代中国特色社会主义所需人才。

一、明确目标定位

西北民族大学作为一所民族院校，与普通高校相比具有其特殊性，最主要的表现就是少数民族学生占比高。因此，我们在了解其个性的基础上，也要掌握其共性。通过本科生导师制的实施把思想教育与专业教育相结合，课堂教育与课外教育相结合，共性教育与个性教育相结合，严格管理与人格感化相结合，共同创建集思想引导、专业辅导、生活指导、心理疏导、就业指导于一体的教育机制，为我院学生营造出更具个性化、更具专业性的高品质育人环境。同时在学生与老师之间搭起沟通的桥梁，为学生提供个性化教育和管理，侧重于指导学生的科学研究，以指导学生的学业为主推进素质教育。

二、加深师生对导师制的认知

1. 导师要清晰其职责和权限

首先，进一步明确本科生导师的工作职责。本科生导师要把自己工作的主要职责放在对学生的思想引导、学业辅导、生活指导以及心理疏导上。在思想引导上，导师要以身作则，用人格魅力去感染学生，避免空洞说教。这样有助于拉近学生和导师之间的情感距离，更容易建立起积极的平等对话关系。在学业上，导师可以让学生参与自己的科研项目，通过科研项目来提升学生的学习积极性；另外，科研上严谨的工作态度也会影响到学生。在生活指导和心理疏导上，帮助学生及时融入新的生活，树立积极向上的生活态度和生活目标。由于西北民族大学地处西北，新校区位于兰州市榆中县，气候干燥，地理位置较为偏僻，对于很多来自于南方和大城市的新生来说，在刚来时极不适应，这就需要导师让学生了解西北，了解这片黄土地，慢慢去适应大学的校园生活。

其次，妥善协调导师和辅导员之间的工作。在学校的宏观领导下，适当处理好导师和辅导员两者之间的工作，保障本科生导师制的顺利推行。要避免导师与辅导员工作中出现工作盲区和工作交叉，要使两者配合默契，相互帮助，共同提高学生工作的效率。为此，我们必须要重新定义导师的工作职责，导师要对学生体现在“导”上。

2. 本科生要正确认识导师制

本科生要知道导师制是需要师生双方共同努力来维系的，它并不强求某种固定的模式，只要能让它发挥出更大的作用，就可以对它做出调整。

本科生应认识导师并非自己的决策者、支配者和问题解决者。同时，也应该正确地认识到成长并不全是导师的作用，而是自己独立探索、独立思考、独立实践的结果，导师在其成长中的作用是引导和帮助。作为本科生，不能一味地接受导师的全盘安排，在接受导师指导的同时应该发挥自己的主观能动性，提出自我发展的意向，在导师的指导下做好发展规划；及时与导师沟通，主动寻求导师的帮助，主动提出学习课题。

三、加强师生间的交流互动

导师制的核心在于导师和学生之间的交流互动。师生之间交流互动的内容极其广泛，可以交流思想、咨询学业、探讨梦想、解答疑难、解除困惑等。由于学生民族多样的特殊性，要求导师在与学生交流互动中，既要面向全体学生进行教育指导，又要面向不同学生因材施教；既要尊重学生的共性，又要尊重学生个性的发展；既要体现自己的专业思想，又要体现浓厚的德育知识。

我校由于两地办学，本科生大多在榆中校区，而导师基本居住于兰州市，两地相距50公里。因此，师生彼此之间的接触时间受到约束，在每次谈话时应有明确要解决的问题，避免空耗时间。在教学与实践方面，可以评价教师的教学和科研的相关内容，也可以探讨对本专业的认知程度，如何提高学习效率等。在生活方面，可以探讨各自家乡的风土人情、民族特色等。在思想方面，可以讨论当下某些热点问题，谈谈各自的看法等。同时，学校应向导师提供学生的有关信息，如学习、奖惩、家庭情况，便于导师因材施教。导师在与学生谈话时，应该采用平等对话的方式，而不应该以命令的形式，这样可能会引起学生的逆反心理，不利于互动交流。

导师制的互动方式，一般主要是以室内谈话为主，但这不是唯一的方式。校园漫步、社会考察、参观实习等活动，都可以成为导师与学生交流的方式。也可以组建QQ群、微信群等，这种交流方式不受时间和空间的限制，很多话题也可以在上面进行。

四、优化导师制运行机制

1. 导师和学生之间的双向选择

在以前我们的导师制是直接按照学生学号排序，直接给导师分派数名学生。但是最终发现导师对学生不了解，学生对导师的科研、教学等工作也不了解，致使导师和学生之间交流不畅，导师制形同虚设。因此，为避免再次出现这种现象，应该采取导师和学生之间的双向选择。首先，要对导师的学历、职称、专业方向、研究领域及优势等方面在学生中进行广泛宣传，使学生能够全面了解导师，进而根据个人的爱好和特点有针对性地选择导师。其次，结合学生的性格特点和能力特长各教学部门要对学生进行总结分类。真正的双向选择能够增加师生之间的认同，对双方的积极性、主动性、参与热情等方面都将起到重要的促进作用，自然而然会保证导师制的实施效果，从而增加对导师制工作的认同。

2. 选择合适的本科生导师制运行模式

高校本科生导师制可以分为全程导师制、高年级导师制、低年级导师制、英才学生导师制。全程导师制是学生进入学校后，通过学生和导师的双向选择确定导师，从新生开始，就跟随导师进行学习研究，导师从思想、学业、生活等方面对学生给予指导和帮助。高年级导师制主要是针对大三、大四的学生，根据学生的兴趣、特长和导师的研究方向，采取双向选择和学院选配相结合的原则安排导师。导师通过指导学生参与课题研究、参与社会实践、举办学术讲座等形式，开发学生潜能，培养学生创新能力。低年级导师制是为使学生适应大学生活，推进和完善学分制建立的导师制，以提高学生的培养质量。主要是针对大一和大二的低年级学生实行的一种导师制。

要想有效实施本科生导师制，选择恰当的导师制模式就是最有效的途径。高校要结合学校和学生的实际情况，采取恰当的运行模式。由于目前我院生师比较大，因此在导师制的实施过程中可以进行制度的优化。可以将全程本科生导师制改变为低年级导师制，即在大学一年级实行导师制，这样可以通过培养学生对专业的认知、大学学习生活的适应来提升学生的学习兴趣和学习积极性，为更进一步的学习打下坚实的基础。

五、加强制度体系建设与保障

1. 健全规章制度

科学、合理、完整的规章制度是本科生导师制顺利实施的保障。但是，目前很多院校对本科生导师制的工作并没有明确的定位，导致本科生导师缺乏专门的管理和监督机构，使导师制的实施效果不尽如人意。因此，建立和完善本科生导师制的管理体制，完善相应的管理制度和激励机制尤显重要。首先，我们应该明确导师的工作职责，导师要从思想、学习、生活等方面给予学生指导。其次，规章制度中要注重融入对学生考核的具体要求，建立相应的考核机制，引起学生对导学的重视，不只是形式上的教育，更要有实质性的内容和效果，形成激励后才能激发学生的进取心，使其主动地进行学习、研究、探索。

2. 健全评价机制

学校应明确评价制度的导向性及评价内容，制定评价指标，并对指标进行量化，或从学生个人所取得的成绩来评价导师工作。本科生导师的工作职责主要包括:（1）做好学生的思想教育，帮助学生树立正确的价值观、人生观;（2）指导学生制定和实施学业规划，个性化地指导学生，确立发展目标，指导和督促学生实施学业规划，落实学习计划;（3）指导学生的专业学习，指导学生选课，介绍其专业的最新动态;（4）指导学生开展科学研究，如大学生创新实践、参加教师的学术研究等;（5）引导学生树立良好学风，帮助学生培养学习习惯，端正学业态度，掌握学习方法;（6）在生活上给予帮助，对于生活较困难的学生，应该指导其了解国家、学校对于贫困生的相关政策;（7）对心理方面有问题的学生应进行疏导，适当时可以进行心理咨询等。

导师的职责即其工作的内容，也是评价指标体系的主要来源。我们可以采用多个评价量表，将质性评价与定量评价相结合。质性评价可以采用等级评价量表，而定量评价从学生成果的角度进行量化。

3. 完善激励措施

对学生导师工作的激励应包括物质和精神两个方面。在物质上给予相关的报酬。可以实行“导师津贴制”，根据指导学生数计算工作量，纳入学校相关部门统一的工作量考核范畴；设立导师基金，建立相应的激励机制，学生发表论文、课题获奖或参加各类创新创业竞赛活动获奖的，应对导师予以奖励；学校要通过导师自评和学生评教的方式，综合评定考核导师的工作业绩。精神上激发导师的责任感，肯定导师的工作成就，调动导师的工作积极性、主动性和创造性。综合评定工作业绩，评选优秀导师，将其工作优劣与培训深造、岗位聘任等有机结合起来。

本科生导师制是我国高等教育人才培养模式的新探索，也是高等学校提高教学质量与人才培养的新动力。目前，很多高校都还处于摸索阶段，如何发挥导师制的作用就显得尤为重要，这就需要进行深入的理论研究与探索，在实践中不断总结与改革，从而更好地促进本科生导师制的作用发挥，努力提高本科人才培养质量。

文物保护技术实验课程的改革与探索

张英蓉
（西北民族大学历史文化学院，甘肃兰州）

摘　要：掌握文物保护的基础理论、基本操作技能及一般检测分析知识是文物保护技术专业培养目标要求之一，实验教学在文物保护技术专业课程构成中占据重要地位。本文总结了西北民族大学文物保护技术专业实验教学的现状，从编写实验教材、更新教学大纲，加强课题式实验教学，改革实验课程考核方式，统筹安排理论课和实验课等方面进行教学改革与探索，以期达到实验教学质量与学生基本操作能力的提高。

关键词：文物保护技术；实验教学；改革；探索

文物保护技术是研究使所有与人类相关的文化遗产尽量长久存世的学科。由于文物的品类繁多、材质各异，所经历的环境千差万别，研究内容非常广泛、驳杂，因此是一门综合性、实践性很强的文理交叉、理工渗透的新兴学科。文物保护技术专业以培养适应现代文物保护工作需要，具备文物修复、保护基本技能的人才为目标。学生的理论知识和实验操作技能可在文物保护技术实验操作过程中得到巩固和加强，实验操作能力的培养为今后从事文物保护工作夯实基础。

文物保护技术是西北民族大学的特色专业，开设于2012年。该专业下设有文物保护实验室、文物绘图室、模拟老化室、文物材质分析室、书画装裱室、陶艺工作室等。开设的实验课程有基础化学、无机化学、有机化学、有机质文物保护、无机质文物保护、金属文物修复技术、考古现场文物保护技术、文物与环境、文物材质分析技术、壁画保护技术、土遗址保护技术等。本论文从我校文物保护技术专业实验实际教学出发，对文物保护技术实验教学课程进行了改革与实践探索。

一、文物保护技术实验教学中存在的问题

（一）实验室设备资源缺乏

实验仪器设备是实验教学顺利开展的保障。就我校文物保护与修复实验室而言，实验教学仪器设备老化或缺乏现象严重，实验室仪器与学生人数比例不协调。实验器材较为短缺，使教学困难，学生自主动手操作的机会较少。正如欧秀花[①]所言，本应一人独立完成的实验，因教学仪器的短缺，只能三人或四人一组共同完成。各小组实验时，经常出现仅有一位或两位同学操作，而余下组员旁观或书写实验报告，或做与实验无关的事情的现象。

金属文物修复技术、书画装裱技术、有机质文物保护、无机质文物保护等相关课程实验的开展需要一定数量的模拟样品，实验教学样品的缺乏，使教师实验难以开展，给学生的积极学习带来负面影响。

---

① 欧秀花:《文物保护专业实验教学现状及改革的探索》，载《天水师范学院学报》，2016年第2期，第84页。

（二）师资力量薄弱

文物保护技术共四个班级132人，教师有5人（其中4人是文物保护技术专业，1人是考古专业），师生比为1∶26，专业教师的数量严重不足。每位教师平均承担6门左右的课程，繁重的课业负担，使得教师基本无暇接受专业培训来提高个人的业务能力。再者，因文物种类繁多，不同材质的文物腐蚀朽化机理不同，保护修复手段不同，让某一位老师掌握全部种类的文物修复手段及操作技术是很困难的事情。在实际教学中，教师设计实验时往往选择自己较为熟悉的领域，因此不能满足教学的全面性要求。

（三）实验教材缺乏、教学内容缺乏更新

欧秀花在其文章中提到，目前市面上未见正式出版的文物保护专业实验教学教材，西北大学、重庆师范大学等高校均由任课教师根据教学内容，编写内部实验讲义，作为参考资料[①]。我校在实际教学中同样如此。

文物保护技术基础实验与实际文物保护实践紧密相关，丝网加固、纸张脱酸、漆木竹器脱水定型等新型的、综合型的保护技术不断问世，而文物保护技术实验还停留在理论讲授的阶段，实验内容多为内部编写的讲义，虽然层次清晰，但学生只需以老师的步骤完成实验即可，缺乏与时俱进的更新，不利于人才的培养。

（四）实验教学时间分配不尽合理

学院的教学必须服从学校的教务安排，教师无权利进行教学课时的调整。实验课程安排不尽合理，一些占用较长学时的实验项目因课程学时的限制，导致实验周期延长，实验效果不理想。譬如金属文物修复技术课程包括18学时的实验，学校教务处要求必须安排在9个星期，每星期2学时。

---

① 欧秀花:《文物保护专业实验教学现状及改革的探索》，载《天水师范学院学报》，2016年第2期，第83页。

但是该课程的若干实验项目需连续6学时才能完成，因实验的不连贯、不连续，导致实验周期延长，学生的学习积极性受到影响，学习与摸索的基本操作技能因学时限制而不能有效掌握与提高。

二、文物保护技术实验教学改革的内容探讨

（一）编写实验教材，更新教学大纲

如前文所言，文物保护技术专业实验教材缺乏，均为各个院校根据本校实验室仪器资源概况，编写的适用于本校教学的自编讲义。张少昀在其2015年发表的文章中提到在筹备文物保护技术专业实验教材的编写①，但至今未见正式出版。因而鼓励并支持教师编写适用于现有实验仪器资源和学生实习实践需求的教材，并逐步完善，供学生参考学习。

另外，教学大纲作为教学活动中教师和学生参考的基本大纲，随着文物保护技术实验教材的逐步完善，教学目标、教学内容、考核方式都要更明晰。文物保护技术要以培养应用型人才为总目标，引导学生加强对学科的重视，教学应增加设计性实验，加强学生学习的主动性和设计操作的实践技能，同时教师要在实验内容中适当增加教师研究方向的实验，有利于提升文物保护技术实验课程的前沿性。

（二）加强课题式实验教学

我校为了提高学生的创新实践能力，开设有本科生创新项目、“挑战杯”等科技课题活动。从近年文物保护技术专业学生的课题申请来看，每年均有学生立项，但题目多以开展室外文物现状调查研究为主，室内的实

① 张少昀:《文物保护课程及实验教学改革研究》，载《科技视界》，2015年第16期，第38页。

验室操作设计项目较少。因此，在往后的科技课题立项活动中，指导教师应多鼓励学生以实验室研究为立项课题，引导并培养学生进入实验室做课题。如此，不仅巩固了基础理论知识，同时也满足了学院建设的实习实践基地对学生的动手操作能力的要求。

（三）文物保护技术实验课程的考核

文物保护技术实验课程成绩的考核注重实验报告册的书写成绩，忽视了学生动手操作能力、实验理论和实验过程的考查。为了更好地提高文物保护技术实验教学质量，培养学生自主动手操作能力，我校对文物保护技术实验的考核方式做了如图1所示的改革：

总成绩	平时成绩	实验操作成绩	实验报告成绩
考核要素及成绩比例	出勤率 15% 理论知识 15%	实验操作 40%	实验报告 30%

图1　文物保护技术实验考核方式

图1所示的考核方式，对学生基础理论知识，仪器操作能力，实际动手实验能力、课后对实验过程、实验结果的总结能力进行评价，全面、客观、公正地反映了学生学习文物保护技术实验课程的情况，提高学生学习的主动性与积极性，同时也提高了实验教学质量。

（四）统筹安排理论课和实验课

如前所述，因学校教务处实验课程时间的安排不尽合理，课程的连续性、连贯性被打断，实验教学效果不佳，学生的学习积极性受到影响。为了改善课程设计的不合理性，希望学院与学校教务处沟通，能适当地使文物保护技术专业的理论课程与实验课程协调配套起来，使理论课程和实验课程的进度基本同步，亦或是使实验项目学时要求长的实验时间集中起来，一气呵成完成实验，达到理想的实验教学目标。

三、结语

总之，通过几年的教学交流、教学改革与实践，以及学院领导的大力支持，我校文物保护技术专业实验课程教学质量有了较大的提高。近年文物保护技术专业学生在毕业论文设计能力上有明显的进步与提高，实习基地与用人单位对我校文物保护技术专业的学生评价趋好。实验教学改革是一项长期任务，只有不断地进行教学探索与完善，不断累积教学经验，才能把我校文物保护技术专业的学生培养成理论基础扎实，动手能力强的应用型人才。